珍藏本
纪念版

汉译世界学术名著丛书

论《创世记》

——寓意的解释

〔古罗马〕斐洛 著

王晓朝 戴伟清 译

温司卡 校

商务印书馆
The Commercial Press

2017年·北京

PHILO

ΠΕΡῚ Τ Η͂Σ ΚΑΤᾺ ΜΩΫΣΈΑ KOSMOUOIIΑΣ
NÓMWN IEP Ω͂V ÀΛΛΗΔΟΡΙΑ

汉译世界学术名著丛书
（120 年纪念版·珍藏本）
出 版 说 明

2017 年 2 月 11 日，商务印书馆迎来 120 岁的生日。120 年前，商务印书馆前贤怀揣文化救国的理想，抱持"昌明教育，开启民智"的使命，立足本土，放眼寰宇，以出版为津梁，沟通中西，为中国、为世界提供最富智慧的思想文化成果。无论世事白云苍狗，潮流左右激荡，甚至战火硝烟弥漫，始终践行学术报国之志，无改初心。

迻译世界各国学术名著，即其一端。早在 20 世纪初年便出版《原富》《天演论》等影响至今的代表性著作，1950 年代后更致力于外国哲学和社会科学经典的译介，及至 1980 年代，辑为"汉译世界学术名著丛书"，汇涓为流，蔚为大观。丛书自 1981 年开始出版，历时三十余年，迄今已推出七百种，是我国现代出版史上规模最大、最为重要的学术翻译工程。

丛书所选之书，立场观点不囿于一派，学科领域不限于一门，皆为文明开启以来，各时代、各国家、各民族的思想与文化精粹，代表着人类已经到达过的精神境界。丛书系统译介世界学术经典，引领时代思想，为本土原创学术的发展提供丰富的文化滋养，为推动中国现代学术和现代化进程做出了突出的贡献。

为纪念商务印书馆成立120周年，我们整体推出“汉译世界学术名著丛书”120年纪念版的珍藏本，寄望既利于文化积累，又便于研读查考，同时向长期支持丛书出版的译者、编者和读者致以敬意。

两甲子后的今天，商务印书馆又站在了一个新的历史时间节点上。我们不仅要铭记先辈的身影和足迹，更须让我们的步伐充满新的时代精神。这是商务人代代相传的事业，更是与国家和民族的命运始终紧密相连的事业。我们责无旁贷，必须做好我们这代人的传承与创造，让我们的努力和成果不仅凝聚成民族文化的记忆，还能成为后来人可以接续的事业。唯此，才能不负前贤，无愧来者。

商务印书馆编辑部

2017年10月

中译本导言

王晓朝

有学者说："西方文化之根是成长于东方之土，它植根于希腊与希伯来文化。"[1]此话以大树比喻西方文化之发展，其意不差。然而，若以河流比喻西方文化之发展则更具历史性，更为贴切。我们似乎可以这样表述：西方文化的源头在"两希"，即古希腊与古希伯来；古希腊文化以其哲学为主要精神代表，古希伯来文化则以犹太教为主要精神代表；两种古代文化各自经过曲折变化的历程，在古罗马帝国相遇、碰撞和融合；其结果，新的精神代表——基督教切入了这一历史场景，上升为西方文化的主流，西方文化发展的下一阶段被定向为基督教文化。

两希文化融合的历史层面已由历史学家们作了比较清晰的阐述，但解释其精神层面的融合仍有待学者们的辛勤劳作。研究斐洛可以作为这项工程的一个重要部分和突破口，因为斐洛的思想体系是两希文化之融合在罗马帝国建立之初产生的一朵奇葩。这个体系总结性地综合了整个希腊文化时代东西方思想的精华，将

① 格林(Albert E. Greene, Jr.)，《基督教与西方文化》(*Christianity and Western culture*)，赵中辉译，台北，1994，第16页。

一神论的犹太教义与希腊理性哲学或理性神学有机地结合起来，为后来基督教教义与希腊哲学的融合预演了整合的一幕。

时代背景

斐洛是一位生活在罗马帝国建立初期的犹太思想家。对于理解斐洛的思想来说，了解希腊文化晚期的文化变迁比罗马帝国初期的文化状态更为重要。

公元前4世纪具有划时代意义的大事件是喀罗尼亚战役（公元前338年）和亚历山大东征（公元前334年）。它们标志着希腊古典文化的发展走到了尽头，一个东西方文化融合的新时期开始了。历史地看，早在希腊向东方进行大移民（公元前8—前6世纪）前，希腊和东方就有密切的交往。但是，亚历山大“打破了西方和东方之间的藩篱。”[①]他雄心勃勃地想要把希腊文化与被征服的东方各国文化熔于一炉，为此采取了一系列有利于民族文化融合的措施。然而，民族文化的融合需要时间，也需要统一的政治架构。随着亚历山大的突然辞世，帝国分裂成若干个希腊化王国。整个希腊化时期的东西文化交流，只达到了局部的融合，没有出现完全的整合。罗马帝国的统一则使古代地中海世界再次有了一种统一的政治架构。

由于希腊古典文化的辉煌成就及其在世界史上的重要地

① J. B. Bury, *History of Greece to the Death of Alexander the Great*（《希腊史：到亚历山大大帝之死》），New York，1937，P. 771.

位，希腊化时期和罗马帝国时期的文化发展很容易被人们误解为希腊古典文化的扩展和延续。然而，希腊化不是希腊文化的单向输出，而是东西方文化的双向交流和融合。世界文化史的一般研究已经从社会层面说明了这一点，但我们还需要从精神层面加以说明。

亚历山大长期受到希腊古典文化的熏陶。他在进行军事征讨时也没有忘记把希腊文化传播到被占领的地区和民族中去。随着亚历山大东征的步伐，希腊人的文学、艺术、科学和哲学在北非和西亚广大地区流传开来。同时，他也不忘用东方国家的材料来充实希腊文化的内涵，从而使希腊文化具有了世界性的意义。在希腊化浪潮的影响下，亚历山大的犹太人热衷于研习希腊哲学，并把它移植到犹太教的母体中去。托勒密六世（约公元前186—前145年）时的犹太神学家阿里斯托布罗从哲学角度注释《摩西五经》，其中明显地可以看出亚里士多德的影响。但是，东方国家和民族有其自身悠久的传统，亚历山大梦想的文化融合因这些传统的抵触而未能实现。在各个希腊化国家，处于社会上层的是希腊文明熏陶的马其顿人，而社会下层却是亚洲和埃及各民族大众。古典时代希腊人对智慧的热爱，对传统的理性态度，一旦时过境迁，在希腊本土尚难持续发展，对东方民族，就很难谈得上改变他们的性格和征服他们的心灵了。随着时间的推移，东方文化熏染而成的东方思维方式渐渐渗入西方。东方的宗教神秘主义渗透了希腊的哲学；巴比伦的占星术破坏了希腊的天文学；东方式的君主专制取代了希腊式的民主制。亚历山大大帝、希腊化国家的统治者和罗马的历代帝王，差不多都按照东方皇帝和埃及法老的方式把自己宣

布为神，并建立了一套崇拜自己的宗教仪规。东方诸神和相应的崇拜仪式差不多都被希腊人接受过来。

总之，希腊化时期并没有因为希腊文化的扩展而被“提高到一个希腊的文化世界”①，相反，希腊古典文化的主导倾向（科学与理性）在此过程中丧失了它的锐气，被宗教化了。希腊理性主义的东传和东方宗教神秘主义的西侵，最终导致在欧亚非广大范围内形成新一轮宗教信仰主义。在这个过程中，以理性主义为主要标志的希腊古典哲学没有能够保持其原有地位，成为新文化综合体的主导层面。其主要原因是：有利于理性主义发展的城邦民主制的崩溃，东方民族文化中的宗教势力的强大，及宗教神秘主义对希腊哲学的渗透。而东方宗教的代表犹太教在希腊文化时期主动汲取了希腊哲学或理性神学，由此开始了犹太教一神论思想与希腊哲学中的理性神学思想的结合。到了罗马帝国初期，我们看到犹太思想家斐洛将犹太教义与柏拉图哲学、斯多亚学说相结合，开辟了犹太教与希腊哲学相结合的道路。他的神学是一种将哲学包容于自身的宗教的神学。

生平与著述

斐洛（Philo）通常又被人们称为犹太人斐洛（Philo the Jew）或亚历山大的斐洛（Philo of Alexandria）。这座城市位于埃及尼罗河畔，在希腊化时期是流散的犹太人的主要居住地之一。

① 黑格尔，《哲学史讲演录》，卷二，中译本，北京：商务印书馆，1981，第275页。

关于斐洛的生平，我们知之甚少。他出身于亚历山大一个富裕而又有影响力的家庭。他的兄弟亚历山大是罗马帝国的一个高级税务官。他的外甥于公元 46 年担任犹大地区的行政长官。公元 39 年或 40 年，斐洛参加了一个由亚历山大的犹太人派遣的使团，去向罗马皇帝卡利古拉(Caligula)申诉他们遭受的迫害。晚些时候，斐洛在著作中记述那次使命的时候称自己为老人。据此，人们推测他大约出生于公元前 20 年。他去世的年代也不确定，大约是公元后 50 年。斐洛可以说是耶稣和保罗的同时代人，但没有任何材料表明斐洛知道他们的生活和工作。

斐洛的著述主要围绕三方面的内容：一、历史著作；二、对旧约经典的诠释；三、神学著作。他有很多著作传世，大部分是希腊文的，也有少量著作仅存亚兰文本。现有英文译本有以下两种：

一、Philo，12 vols，Translated by F. H. Colson etc. ，The Loeb Classical Library，Reprint 1971. 这个集子的前十卷收录了斐洛的全部希腊文著作，并附英译文，后两卷增补了斐洛的那些仅有亚兰文本的著作。

二、The Works of Philo，Translated by C. D. Yonge，Hendrickson Publishers，Inc. ，Massachusetts，1993. 这个英文集子最初以四卷本的形式于 1854 至 1855 年出版(The Works of Philo Judaeus，the contemporary of Josephus，translated from the Greek，London：Henry G. Bohn)。

为了便于进一步研究，兹将收入 Loeb 古典丛书中的斐洛著作篇名按缩略语、拉丁译名、英译名、汉译名的顺序列举如下：

Abr.　*De Abrahamo*　*On Abraham*　《论亚伯拉罕》

Aet. *De Aeternitate Mundi* *On the Eternity of the World* 《论世界的永恒性》

Agr. *De Agricultura* *On Husbandry* 《论耕作》

Cher. *De Cherubim* *On the Cherubim* 《论基路伯》

Conf. *De Confusione Linguarum* *On the Confusion of Tongues* 《论语言的混乱》

Cong. *De Congressu Eruditionis Gratia* *On the Preliminary Studies* 《论预备性的学习》

Decal. *De Decalogo* *On the Decalogue* 《论十诫为律法之首》

Det. *Quod Deterius Potiori insidiari soleat* *The Worse attacks the better* 《恶人攻击善人》

Ebr. *De Ebrietate* *On Drunkennes* 《论酗酒》

Flacc. *In Flaccum* *Against Flaccus* 《弗拉库的行迹》

Fug. *De Fuga et Inventione* *On Flight and Finding* 《论逃避与发现》

Gig. *De Gigantibus* *On the Giants* 《论巨人》

Hyp. *Hypothetica/Apologia pro Iudaeis* *Apology for the Jews* 《为犹太人申辩》

Jos. *De Josepho* *On Joseph* 《论约瑟》

Leg. *De Legatione ad Gaium* *On the Embassy to Gaius* 《向盖乌斯请愿的使团》

Leg. *All. Legum Allegoriarum*, *Allegorical Interpretation* 《喻意解经法》

Mig. *De Migratione Abrahami* *On the Migration of*

Abraham 《论亚伯拉罕的移居》

Mos. *De Vita Mosis* *Moses* 《摩西传》

Mut. *De Mutatione Nominum* *On the Change of Names* 《论更名》

Op. *De Opificio Mundi* *On the Creation* 《论创世》

Plant. *De Plantatione* *On Noah's Work as a Planter* 《论诺亚的农作》

Post. *De Posteritate Caini* *On the Posterity and Exile of Cain* 《论该隐的后生与放逐》

Praem. *De Praemiis et Poenis* *On Rewards and Punishments* 《论赏罚》

Prov. *De Providentia* *On Providence* 《论天命》

Quaest. in Gn. *Questiones et Solutiones in Genesin* *Questions and Answers on Genesis* 《创世记问答》

Quaest. in Ex. *Questiones et Solutiones in Exodum* *Questions and Answers on Exodus* 《出埃及记问答》

Quis Her. *Quis rerum divinarum Heres sit* *Who is the Heir* 《谁是继承人》

Quod Deus. *Quod Deus sit Immutabilis* *On the Unchangeableness of God* 《论上帝的永恒性》

Quod Omn. Prob. *Quod omnis Probus Liber sit* *Every Good Man is Free* 《善者皆自由》

Sac. *De Sacrificiis Abelis et Caini* *On the Sacrifices of Abel and Cain* 《论亚伯与该隐的献祭》

Sob. *De Sobrietate* *On Sobriety* 《论清醒》

Som. *De Somniis* *On Dreams* 《论梦》

Spec. *De Specialibus Legibus* *On the Special Laws* 《论专门的律法》

Virt. *De Virtutibus* *On the Virtues* 《论美德》

Vit. *Cont. De Vita Contemplativa* *On the Contemplative Life* 《论沉思的生活》

沟通两希文化的桥梁

斐洛是希腊化时代与罗马帝国时代之交最有代表性的犹太思想家,在他身上充分体现了犹太民族对希腊精神文化的汲取。他熟悉并经常引用希腊人的经典作品,特别是荷马和欧里庇德斯,并用典雅的古典希腊语从事写作。他经常以崇敬的口吻提到毕达戈拉斯、赫拉克利特、柏拉图和斯多亚学派。对斐洛影响最大的希腊哲学家是柏拉图。他提到过柏拉图的所有对话,尤其是《会饮篇》和《蒂迈欧篇》。斐洛在宗教思想史上的地位主要依靠他对希腊文化和犹太教的融合所做的工作。这种工作从宗教角度看,是把犹太教理性化、希腊化,从而为基督教的发展和教父学的诞生开辟了一个方向;从哲学角度看是把当时流行的一些希腊哲学观点神学化,把哲学导入神学。他是"调和希腊哲学和希伯来《圣经》、调和理性主义和启示运动的顶峰。为了这种目的,他挑选了希腊哲学中最伟大的柏拉图。在这样做的时候,他为后世的神学家们树立了典范。首先是普罗提诺,遵循斐洛调和柏拉图和希腊宗教;接着是奥古斯丁，调和柏拉图和基督教。”[①]

以往学者们在谈及斐洛思想与希腊哲学的关系时，往往强调后者对前者的影响，又因研究重点不同而强调了具体学派或哲学家对斐洛的不同影响。例如，策勒特别强调斯多亚学派对斐洛的影响，认为离开斯多亚学派，斐洛的体系是无法阐述清楚的。[②] 我们认为，无论希腊思想对斐洛的影响有多大，也无论有多少希腊哲学家影响了斐洛，斐洛从来没有因此而丧失自己的神学基本立场。希腊哲学是他的工具和思想资料。他在用希腊哲学注释犹太圣书，用柏拉图注解摩西。“在摩西身上他找到了柏拉图”[③]。早期拉丁教父杰罗姆已经说过，或者是柏拉图斐洛化了，或者是斐洛柏拉图化了。这里前半句讲的是斐洛对柏拉图思想的利用，后半句讲的是柏拉图思想对斐洛的影响。这两个方面属于不可分割的同一过程。

肯定斐洛对希腊文化和希腊哲学的汲取经常带来一种误解，以为斐洛只是一个东拼西抄的折衷主义者，他的思想只是随意从各个学派那里取来的大杂烩。这种误解只要我们了解到斐洛在汲取希腊文化时的基本立场就可以打消。实际上，斐洛在汲取各种希腊哲学观点时并没有放弃他的犹太教立场和希伯来文化的本位。他认为，摩西是哲学的主要源泉，而那些希腊哲学流派的“小

---

① J. K. Feibleman, *Religious Platonism: The Influence of Religion on Plato and the Influence of Plato on religion*（《宗教柏拉图主义：宗教对柏拉图的影响和柏拉图对宗教的影响》），London，1959，P. 102.

② E. Zeller, *Die Philosophie der Griechen in ihrer Geschichtlichen Entwicklung*（《希腊哲学发展史》，卷三，下册），Leibzig，1881，P. 402.

③ 黑格尔，《哲学史讲演录》，卷三，同前，第162页。

体系”只不过是从摩西那里来的折光。《旧约》是最有智慧的一本书，是真正的神的启示，摩西才是最伟大的导师。《圣经》的每个词，特别是那些他归于“全智的”摩西的话，在他看来都是在圣灵激励下产生的，由神指点的七十士译本是这样，希伯来原文也是这样。但同时他又深深地意识到，这些神圣的话语如果只按字面意义去理解有时就会变得不可信，不是偶然的琐碎，或任何意义上的不妥，而是其中必有某些蕴涵的思想，在神恩的帮助下，通过耐心的沉思一定能提取出来。他对《圣经》的解释虽然包裹在希腊哲学术语之中，但他的根本目的只是利用希腊哲学，而不是从整体上或是在信仰的层面上接受希腊哲学。在他看来，在任何情况下，上帝直接或间接地都是摩西律法和希腊哲学真理的源泉；因为人的心灵和上帝是血缘相通的，人是上帝按逻各斯或理性的形相创造出来的，因此，人有某种接受和发现超时空实在的能力；集中到这个超越的世界的中心之点上，宗教和最好的希腊哲学是同一的。正是在这种思想的指导下，斐洛凭借喻意解经法，用希腊哲学的理论来解释《旧约》。

对《圣经·旧约》，特别是对“摩西五经”中的《创世记》的喻意解释构成了他的著作的主要部分。他认为摩西使用了神话的、历史叙述的、祭仪律法的外在形式，表述一种内在的精神的意义。现在他要做的是，强调它们同最好的希腊神学、科学和伦理学是完全一致的。喻意解经法是斐洛用来沟通神学和哲学、犹太教和希腊哲学、信仰启示和理性的方法。其结果就是在犹太教和希腊哲学这两大思想体系之间架设了一座桥梁，并产生了一种神启宗教和哲学的综合体。斐洛对《圣经》的喻意解释，不仅开创了犹太教、基督教专事研究和诠疏《圣经》的学科“解经学”的漫长历史，而且为后来西方世界用哲学服务于宗教神学的传统奠定了基础。“在怎样将希腊化思想与希伯来思想结合方面，他作出了伟大的示范。在后来的基督教神学中，二者果然结合在一起了。在罗马世界的其它地方，斐洛所代表的这种结合过程都比不上在亚历山大发展得更加充分。”①

斐洛思想的现代意义

斐洛在西方思想发展史上的地位不容低估。在一个东西方思想融合的时代（希腊化时代）终结之时，在一个更大范围内的东西方融合的时代（罗马帝国时代）来临之际，斐洛超过其它任何思想家，给我们展示了这种思想融合的历程。他既是犹太教与希腊文化的联系者，又是犹太教与基督教的联系者。正是通过这种历程，来自希腊和来自巴勒斯坦的两股精神力量融汇在一起，产生了具有一系列新质的早期基督教神学。

斐洛与早期基督教的代表人物没有直接的来往。因此，两者之间没有直接的接触和有意识的借用。但是，由于具有共同的时代背景和共同的理想，斐洛的思想在基督教中拥有了力量。他的理性化了的一神观念和由他集大成的喻意解经法使他的思想成为“天然的基督教的生命”。由斐洛集大成的喻意解经法在早期基督

① 沃克（W. Walker），《基督教会史》（*A History of the Christian Church*）（3rd edition，New York，1970），中译本，孙善玲等译，北京：中国社会科学出版社，1991，第19页。

教神学的建设中起了重要作用，以后又一直是基督教神学的一个有机组成部分，在早期神学家的著作中广泛运用。《新约》的作者们也显示出受到这种方法的影响，《希伯来书》就是这样，明显地追随斐洛。使徒保罗熟悉这种方法，在《哥林多前书》中，把灵磐喻意解释为意指上帝。希腊教父查士丁的身上可以看到斐洛的影子。在两位伟大的自由派的基督教父，亚历山大的克莱门和俄里根那里这种影响更加明显。俄里根不仅否认了旧约《创世记》字面上的正确性，而且认为《新约》上记载的恶魔携耶稣登山示训是属喻意性质的。推而广之，俄里根在他的重要著作《论原理》中，就力图用希腊哲学、特别是新柏拉图主义来解释《圣经》。在拉丁教父中，安布罗斯相当多地引用过斐洛。

基督教神学的早期历史形态主要是在希腊语和拉丁语的境况中发展起来的。这种神学的丰硕成果无疑借助了希腊罗马文化的深厚思想资源。斐洛的思想与方法在建设希腊神学和拉丁神学中的作用表明，具有地域性、民族性的基督神学的创建和发展离不开对既有思想资源的解构。当今汉语神学的建设无论是以"本体论的样式"还是"生存性的样式"进行[①]，都离不开对中国传统文化的扬弃，使之能成为有利于基督信仰生长的土壤。

---

① 参刘小枫，《现代语境中的汉语基督神学》，见《道风：汉语神学学刊》，香港：汉语基督教文化研究所，1995(2)，第45页。

目　　录

英译本序言 …………………………………………………… 1

英译本绪论 …………………………………………………… 3

论摩西有关创世的叙述 ……………………………… 15

《创世记》第二、三章的意喻解释 ……………………… 71

第一卷 ……………………………………………………… 73

第二卷 ……………………………………………………… 107

第三卷 ……………………………………………………… 137

英译本序言

已经阅读或将要阅读斐洛全部著作的人可能很少，但有很多人会偶然涉猎它们，这两类读者中总会有许多人欢迎有一个译本。如果这一点可以肯定，那么就很难否认出版一个新的译本已经是时候了。扬(C. D. Yonge)的译本(1854 年出版)据我们所知是唯一的英文译本，已经不再付印，传下来的也很稀少。扬的译作是相当重要的一项贡献，但有许多地方需要订正。他使用的是他那个时候不太可靠的希腊原文，而非今日通用的文本。再说，他按希腊原文的句式严格地再造斐洛冗长而又复杂的句子，这样做在我们看来使得这些论文变得没有必要的单调和笨拙。我们采取了与之不同的方法，希望这样做不会损害对原文的忠实。

然而，在这里我们不可不提起由多人合作的德文译本，这个译本当科恩(Cohn)在世时一直由他负责编辑，而且仍在修改中。我们发现这个译本在许多方面都是有用的，但我们从中得益的主要是他们提供的关于柏拉图和晚期希腊哲学家的注释和参阅材料，尽管翻译不是评注，斐洛的读者们如果没有发现这位作家在不断地引用或采用柏拉图和斯多亚学派作家的话，不一定会注意到这些注释。我们对这些引语和引用的解释远非完整，但若无德文译者的帮助就会更不完整。

科恩和温德兰德(Wendland)的重要译本(1896—1914 年出版)已经胜过曼格(Mangey)的版本,几乎没有给我们留下什么处理原文方面的困难。总的说来,我们两人都采用了这个版本的理解,甚至在我们犹豫不决的时候亦如此。在这种犹豫不决已经堆积为深信的地方,我们偶尔借助于编辑提供的非常完整的书中附供比较的材料,采用了他们放弃了的那种读法,在这样的情况下,我们的译本比他们的更接近原始文本。我们也引进了少量我们自己的校订,全部放在脚注中。

应当说明,我们的译本不是完全字义上的合作的产物。我们各自仔细地阅读和批评了对方的翻译和工作,许多批评都被对方接受用于校正和完善译文。但总的来说,我们对各自的工作,原文方面的问题和翻译,仍负有全部责任,若有错误不能归咎于对方。第一卷的所有译文是由惠特克(Whitaker)先生译出及科尔森(Colson)的贡献,除了刚才已经提到过的批评和建议以外,有总绪言、参照表的一部分,以及相当一部分附录中的注释。第二卷的三篇论文,即 De Cherubim、De Sacrificiis 及 De Gigantibus 由科尔森先生翻译,其它两篇论文则由惠特克先生翻译。

英译本绪论

能像亚历山大的斐洛那样在作品中忠实地描写自己的家乡和出生地的作家可能是很少的。他是亚历山大城的公民，这个地方曾经是犹太人的主要散居之地和希腊化文化的主要中心。他在宗教思想史上占有一定的地位，主要是因为他对希腊文化和犹太教所做的大量融合，在他的大量著述中可以看出这一点。在我们看来，他还有许多其他方面的贡献，他是最醉心于精神事务的思想家之一，但上述贡献是最先的和最明显的。

关于斐洛生平的材料很少，没有必要在这里讨论。我们只要知道他出身于一个富裕的有影响力的犹太人家庭，受到希腊文化以及犹太文化的熏陶也就够了。他在世时执行的一项公务是参加一个由亚历山大的犹太人派遣的使团，去向卡利古拉(Caligula)申诉他们遭受的迫害。这个事件发生于公元 39 年或 40 年，晚些时候斐洛在著作中记述他那次使命时称自己为老人，[①]一般认为他大约出生于公元前 20 年左右。他去世的年代不确定，但我们可以看到，斐洛在世的年代覆盖耶稣基督和施洗者约翰在世的时间，与

① *Leg. ad Gaium* 31；参阅同上，182。(圈码注为英译者注，以下凡英译者所加注释不再注明。)

圣保罗的生活年代部分重合。没有任何材料可以暗示斐洛知道他们的生活和工作。

这篇绪论主要为科恩六卷本中的前三卷而写。* 这三卷包括的二十二篇论文大约占了我们这个译本中的前五卷。这些性质极为相同的论文并非旨在建立一个系统的思想体系，而是斐洛对《创世记》各种事件和原文的内在精神含义的揭示。在此范围内，他的方法是一以贯之的。不幸的是，他也许是个翻来覆去的漫谈者，尽管这是一种相当可爱的错误。说他是翻来覆去的漫谈者并不是说他的思想不连贯。这实际上倒是这位漫谈者的特征，他的观点总是相连的，每当遇见有关联之处，他就无法约束自己不去追根究底。斐洛对经文总是想要解释其中的哲学意义，并用另外一些他觉察出有相同含义的经文去加以说明。而用作例证的经文总是包含其它一些话，从中他也能看到有些思想很有价值，以至于无法忽略。当然，这样一来就使整个解释过程变得无休无止，即使斐洛本人也感到有必要进行限制，以便最终回到主题上来。

要很好地说明这个特点，我们可以从几百个例子中举一个不是最好也不是最糟的例子。读者可以翻到本书第 409 页**，亦即《关于〈创世记〉第二、三章的意喻解释》第三卷第Ⅳ节，希腊原文第161 节处。在这里斐洛讨论的是主神对蛇说的话，蛇被解释为快乐的邪恶原则，“你将终身吃土”。斐洛本来可以很自然地过渡到对经文蕴涵的灵魂的高级食粮和低级食粮的对照，可以马上过渡

* 英译者在此处脚注中列出了科恩六卷本后三卷的内容，今从略。——译注

** 即本书页 180，第五十五节。——编注

到《出埃及记》第十六章中玛哪的故事。他对这个故事的所有细节都做了发掘，例如，让百姓每天收每天的分那个诫命怎样表明人不能一下子承受神的全部赏赐，只能按规定的法度和份额。还有其它一些思想，读者可以自己去看。但接下去要注意的是第 169 节处*，斐洛引用经文“这就是主给我们吃的食物，主所吩咐的（话语）”以后，马上把“食物”和“话语”等同，并提取出一套关于“话语”的思想。到此为止，原先的议题“蛇”已经被遗忘，后来出现的议题“玛哪”占据了论坛。可是到了第 177 节**处，话题又从“话语”或“逻各斯”转为斐洛的另一个更加神秘的见解，神本身比神的话语更伟大，用来证明这个看法的是雅各的祈祷。他认为“牧养我的神”这个短句与“救赎我脱离一切患难的那使者”一起出现，这就告诉我们，健康、肉体、精神是由神直接赐予的，而救赎是神间接赐予的。然后他在 179 节***又转变话题，把雅各对神谢恩的祈祷与品格较低的约瑟的话作对照。[①] 约瑟说：“我要在那里奉养你”。约瑟的母亲拉结也有同样的错误，她对雅各说：“你给我孩子”。斐洛从这里开始解释“你们将吃土”，以他自己最喜爱的一个观点结束整个解释，神是灵魂中的美德的生育者，尽管这个生育者和凡人的父母不一样，他不是为自己生育，而是在为我们生育。

上述例子不仅可以用来说明斐洛的方法，而且可以用来说明

---

* 即本书页 182，第五十九节。——编注

** 同上，页 184，第六十二节。——编注

*** 同上，第六十三节。——编注

① 斐洛不断地表现出抬高犹大和利亚，而贬低约瑟和拉结，这一点非常奇怪，他似乎没有意识到我们可以从约瑟和拉结的故事中体会到的魅力。这里是否有一些民族的或部落的歧视在起作用？

他对经文所作的推论的性质和价值。它们的独创性是不可否认的。同样,如果按照健全的经文注释法来衡量,它们的空想性,甚至任意性也是不可否认的;读者的评价会各不相同,取决于他们被他的独创性所吸引还是对他的任意性感到反感。但若要完整地评价斐洛,我们必须记住,是他把圣经激励的最强烈的信仰与最自由的批评结合在一起。圣经的每个词,特别是那些他归于"全智的"摩西的话,[①]在他看来都是在圣灵激励下产生的。由神指点的七十士译本是这样,希伯来原文也是这样。斐洛知道这个希伯来文本,但总的说来了解不多。这个信条构成了斐洛性格的一部分,他的爱国天性有利于巩固这个信条。但同时他又深深地意识到,这些神圣的话语如果只按字面意义去理解有时就会变得不可信,不是偶然的琐碎,或任何意义上的不妥,而是其中必有某些"蕴涵的思想",在神恩的帮助下,通过耐心的沉思一定能提取出这些思想。

因此,这些在圣灵激励下对事实所作的陈述不一定具有字义上的真实性。他认为,创世不能发生在自然界的六天里,因为天是用太阳的升起和落下来度量的,而太阳本身只是被创造的世界的一部分。[②] 他坦率地把那个亚当的肋骨产出夏娃的故事称作"神秘的"。[③] 他有时候可能过分挑剔了。比如他认为约瑟被他父亲派去看他的兄弟那件事不可信,因为像雅各这样的大族长为什么要派他最喜爱的儿子去干这种跑腿的差使,而不从他无数的仆人

---

① 看一下这个译本列出的《圣经》引文引用表就可以知道,斐洛对旧约开首五经的引用远远超过对旧约其他部分的引用。

② Leg. All. i. 2.

③ Leg. All. ii. 19.

中派一个去呢?[1] 如果我们发问,斐洛在总体上是否承认这些叙述的历史真实性,回答是,这是可能的。确实,他对记载亚伯拉罕、约瑟和摩西生平的那些经书的处理表明他认为这些人在历史上是确有其人,他们的生平除了有意喻性的含义外也有教诲作用。当然,在别的地方也可以看到类似的说法,"撒母耳'可能'[2]是确有其人的,但我们把他理解为献身于侍奉神的一个心灵。"总之,更加稳妥一点的回答是,他不太在意历史的真实性。他允许他的眼睛怀疑经文的字义,为的是接受精神性的真理,但如果对两者都否认那就是一种死罪。他记载过这样的嘲笑者虽然短暂地取胜,但很快被神的判决逼得自杀。[3] 再者,即使律法是意喻性的,它的字义也不能违反。安息日和割礼有其内在意义,但实际的祭仪与其内在意义的关系就像是肉体对灵魂,肉体作为灵魂的住处需要我们的照料。[4]

如果我们明白这一点,并考虑到他的思想包裹在陌生的柏拉图主义和斯多亚主义的外衣中而原谅他,那我们能在其中发现的就不是那一点点深刻的思想和要义。斐洛经常转变话题去作道德反省,这在上面已经作过一些分析,[5]这些反省最好理解为道德训诫的汇编,八条或十条。如果在简要的分析中列出这些反省可能

---

① Quod Det. 13.

② "perhaps"或译作"probably",De Ebr. 144。

③ De Mut. Nom. 62.

④ De Mig. 82f.

⑤ 公正地说,斐洛作出这些解释常常有某些动因,这些动因虽然没有贯穿始终,但总是会反复显现。例如我们可以注意到,"Feeding"这个概念就从来没有长时间地不出现。

会显得很贫乏,但只要作深入研究,人们就会发现,每一条都包含着一个或一些观点。有些人会把它当作一种狂想,有些人会认为它很深刻,但几乎不会有人认为它毫无价值。这些观点对于理解它们的经文背景来说并不是件坏事。一旦以抽象的形式表达,最深刻的思想都会显得突兀和呆滞。它们最多只能在它们是用华兹华斯般优美的诗句来表现时才能得到好评,要么就是在与某些人们熟知的为人崇敬的格言相连时得到好评,因为我们不怀疑这些格言会含有这样的意义。少数雄辩的格言比"从那些只是芥菜籽的经文中生长出来的有许多支节的论文"[1]更有效。可以这样说,斐洛的经文注释有许多属于那种现代布道者容易接受的类型,不是为了表达原文旨义,而是为了显示"新鲜的真理和光芒怎样从圣言中迸发出来"。[2]

我们已经在这里指出,斐洛是一位相当有创造性的思想家,他用希腊哲学术语解释旧约全书,由此把犹太教和希腊文化联系起来。但是,如果我们把这一点当作他的目的,那就错了。他的目的与班扬*写《天路历程》和 *The Holy War* 的目的相同,与但丁(Dante)在他的《神曲》(*Divine Comedy*)中作某些引申的目的相同,也就是说,他的目的是为了对人类灵魂的历史及其与神的联系作出解释。圣经对班扬及中世纪的末世学对但丁来说,都只是一个基础,供他们在上面编织他们自己的想象力的织物,而斐洛避免

---

① George Eliot,Felix Holt,ch. iv.

② 经常被人引用的鲁宾逊(John Robinson)牧师的告别辞会使斐洛很高兴,他对朝圣的神父们说:"我坚信,主拥有更多的真理和光芒会从他的圣灵中迸发出来。"

* 班扬(Bunyan),英国清教派宗教作家。——中译注

完全的创造,[①]绝不愿偏离担当一个解释者的角色。把那些解释包裹在希腊哲学术语中对他来说只是随意的。在他那个时代,逻辑性、物理学、心理学、伦理学等等教育内容已经构筑了他的精神底色,他必须用这些术语来表达自己的思想。这样做在斐洛那里是随意的,但如果我们要理解斐洛的这些思想,这样做就是必需的了。

有一种确信潜在于斐洛的哲学之下,他确信一般的教育具有获取高级事物的阶石的作用。他无疑接受他那个时代的教育课程,通常称作 Encyclia,由文学、修辞、数学、音乐和逻辑组成。他几次详细叙述它们用作精神训练的价值。Encyclia 是灵魂接受的装饰品,它们使灵魂成为适宜领受圣言的住所,[②]成为种植在年轻的心灵中的幼苗,[③]成为吃肉以前必须喝的奶,[④]成为精神力量的源泉,成为以色列人为了延续而必须汲取的本质,就像那走出精神性的埃及的旅途。[⑤] 但最重要的是,这种教育由夏甲来象征。[⑥] 撒拉没有生育子女,所以她让亚伯拉罕与仆女同房,而年轻的心灵在还没有能力与哲学联姻之前必须接受学校里的课程,接受那些较

① 当他试图作出一个他自己的意喻时,结果是很糟糕的,例如,De Sac. 20—44。

② De Cher. 101 以下。

③ De Agr. 18.

④ ibid. 9.

⑤ Quis Rer. 272.

⑥ 例如,De Cher. 5 以下值得注意的是,这个比较在对荷马诗歌作出的意喻性解释中可以找到相应的例子,这种解释在当时的许多哲学学派中都非常流行。有位哲学家说(他的名字在各个提到处不一致),那些学习 Encyclia 太久的人就像潘涅洛佩(Penelope)的求婚者,他们不能赢得女主人的欢心,于是就去勾引女仆。这种对荷马史诗的意喻解释在多大程度上影响了斐洛对旧约的处理是一个有趣的问题。

低级的世俗的教育。[①] 它们的用处确实只在于充作通往哲学的阶石。如果在这些课程中停滞过久，或者滥用它们，特别是滥用修辞学，那么就会产生智者以实玛利(Ishmael)，必然会被抛弃，就像他和他的母亲的命运一样。但在适当的场合，它是有价值的。斐洛对此坚信不疑，使他成为我们据以了解他那个时代教育思想的主要权威之一。

斐洛在哲学上确实是个折衷主义者，几乎汲取了所有学派的思想。[②] 他强调某些具体数字的意义，如四、七、六和十等。在我们看来，这似乎是他的体系中最狂想的部分，但实际上是从毕达戈拉斯学派那里继承来的。从亚里士多德那里他也借来一些东西，主要有四因论，[③]美德即中庸的学说。[④] 斐洛深深地感到人类的无知和虚弱，这使他从怀疑论者那里也借来某些东西。[⑤] 柏拉图主义的因素在斐洛那里更加重要。柏拉图最重要的学说理念论是构成斐洛宇宙生成论的基本部分，像其它许多人一样，他深深地被《蒂迈欧篇》中的神秘理论所吸引。最重要的是，他认为肉体是灵魂的坟墓或监狱，把摆脱物质性的东西当作真正的自由，这个思想

① 译者在这里相当犹豫，怎样准确地表达这个重要的术语。在斯多亚学派中，这个术语表示不好不坏的东西。有时候，这个词也有介于善恶之间因而具有确定价值的意思，尽管这种价值不是最高的。斐洛似乎以这种方式使用这个词。按现代教育的职业用法把它译成“过渡的”或“辅助的”教育显然不合适。

② 我们不需要像有些人那样从中得出结论，认为他的哲学只是随意从各个学派那里取来的大杂烩。倒不如说，他的立场是，摩西是哲学的主要源泉，而那些学派的“小体系”只不过是从摩西那里来的折光。

③ De. Cher. 125.

④ 例如，Quod Deus 162。

⑤ 尤其参阅 De Ebr. 154 以下。

主要来自柏拉图。他那里也有大量的斯多亚派的思想，尽管斯多亚派对他的影响是否超过柏拉图主义者是个难以决断的问题。我们可以从大量的例子中选取几个：四种情欲的学说；①身体功能的七重划分；②物质性事物的四重划分；③感觉，表现，冲动作为意识的三个来源，作为生物的活动，作为生物起作用的方式，④这些都是斯多亚学派的。他也承认摆脱情欲后的自由的价值，按自然本性生活的价值，中性事物的中立价值。他把斯多亚学派的短语，"道德上的美"是唯一的善，⑤用来表达自己的美德理想。但总体上他反对斯多亚学派的唯物主义，斯多亚学派的核心思想是伦理学，在这个领域中他是深深地反斯多亚的。他接受了那个悖论，聪明人是真正自由的人、真正富有的人、真正的国王和真正的公民，⑥但他没有把这些斯多亚的贤人神圣化。有这样一个信条宣称，"人是他自己命运的主人和他自己灵魂的舵手"。这个信条把正直的意志坚定的人描绘成在宇宙毁灭⑦的时候仍旧站立不动。Lucan 在这样表述时说 Pompey 的事业与恺撒的事业同样得到道德上的支持。恺撒有天站在他那边，而前者有斯多亚派的卡图⑧站在一边。这个信条没有吸引斐洛，相反在他看来是一种亵渎。

① 即悲痛、恐惧、欲望和快乐，参阅 Leg. All, ii. 99，"情欲是四足的"。

② 五种感觉，言语和生殖能力，参见 Leg. All. i. 11。

③ 无生物、植物、动物和理性动物。参见 Leg. All. ii. 22 以下。

④ 同上，23。

⑤ 特别参见 De Post. 133。

⑥ De Sobr. 56 以下。

⑦ Hor. Odes, iii. 3. 1—8.

⑧ Phars. i. 128.

因为他唠叨得最多的就是应当把由于能力或德行而犯罪的原因归于我们自己，而不是归罪于神。

事实上，一旦斐洛谈起神的性质和我们与神的联系，(很少有整个章节是没有这种深思的)希腊人的影响就让位给希伯来人了，而表现出来的希腊化的东西更多地是柏拉图主义的，而不是斯多亚派的。在这里我们几乎无法叙述他更加神秘主义的方面，关于神与我们的联系的思想。但他的神学主导观念是：神如果绝对地与我们分离，那么神是不可理解的；当我们只知道它是绝对的存在时，神也在无限地接近我们，它实际上是超越的和内在的。众所周知，斐洛处理这个反论的办法是假定，神是非创造的与被创造的东西之间的中介，是逻各斯或“神圣理性”，是“力量”或“能力”，是在旧约中分别以“神”和“主”这两个名字来表示的善和至高无上。在这些中介中，最能引起斐洛注意的是逻各斯，主要不是怀疑，而是他的概念与第四福音书序言中的逻各斯有相似之处，也有不同之处。这里无法讨论逻各斯(或能力)是否被理解为独立的人格，抑或是当作内在的东西或属性。

如果斐洛是犹太教与希腊文化的联系者，那么他也是犹太教与基督教的联系者。这种联系有两种方式。第一，除了他的逻各斯与约翰福音的关系外，斐洛思想与新约之间也有一定的联系。这一点会马上吸引读者，也会马上使人失望。斐洛的良心概念可用作内在的判断、神灵、信仰、圣子、永生，[1]以及其它许多同类概

---

① 关于这些概念的讨论参阅 H. A. A. Kennedy，《斐洛对宗教的贡献》(*Philo's Contribution to Religion*)(Hodder and Stoughton)。

念，与圣经信札中使用的同一术语十分相像，对此作比较是会有成果的。然而，除了在最先提到的这个例子中，斐洛的态度大大超越了他的斯多亚前辈，并相当接近基督徒的观点；在其它许多例子中都只是相似罢了。同样的话也适用于相对较少的另一类例子，即从两方面对旧约中的事件作意喻性的解释。[1] 还有更多的例子，某个词、某个短句，或偶然的念头似乎都在新约中得到共鸣。[2] 在此范围内，斐洛与基督教的思想联系是从它们共同继承的遗产和氛围，以及共同的理想和深思中产生出来的。两者之间没有直接的接触和有意识的借用。但是，一世纪或基督教的世纪过去以后，我们看到了更多的东西。斐洛的思想在教会中拥有了力量。渴望发现旧约人物和基督类型的基督教徒确实不会完全欢迎他的注经方法，连奥古斯丁也承认它的尖锐并发掘它的过失。[3] 但他对这些经书的处理仍然给某些教父留下深刻印象。他的逻各斯学说尽管是肤浅的，但足以像第四福音书中的逻各斯一样，使他的思想成为"天然的基督教的生命"。在查士丁(Justin)身上可以看出他的影响，在两位伟大的自由派基督教父，亚历山大的克莱门(Clement)和俄里根(Origen)的身上，这种影响更加明显。在拉丁教父中，安布罗斯(Ambrose)也相当多地引用过斐洛。当很多亚里士多德以后的哲学著作都毁灭时，这种与基督教的同源性无疑有助于保存斐洛的著作。

除了上面已经提到过的以外，斐洛作为一个作家还有其它许

① 例如铜蛇、玛哪、磐石和麦基洗德等。

② 这方面的例子参阅 Siegfried, *Philo von Alexandria*(《斐洛》), P. 303－330。

③ *Contra Faustum*(《驳塞洛》), xii. 39。

多缺点。他有时候极为迂腐。他有堆积例证用来说明一些陈词滥调的坏毛病,也有修辞方面的缺点,特别是在那篇传记性的论文里,他通过其中人物之口说出来的话是趾高气扬的,也僵硬到荒谬的地步。然而,即使在他最迂腐的时候,我们仍能瞥见这颗优秀的精神灵魂,他那众多美妙而雄辩的段落遍布全书。译者有时希望自己不必完成这个译本,尽管这个译本可以为斐洛赢得一些崇拜者,斐洛对他们来说从今以后不再只是一个名字,而是他们对他有一点认识了。①

① 译者认为必须向他们的某一部分尊敬的读者道歉。他们认为自己没有能力以任何形式说明斐洛在多大范围内,在什么地方依赖于巴勒斯坦传统,这个传统的两个方面被称作“传说”(Haggada)和“记载”(Halacha)。即使译者的希伯来和犹太知识比实际要丰富得多,但由于这一传统直至斐洛之后相当长的时间内缺乏任何书面记载,这样就使他对这些传统的依赖与他对希腊哲学家的依赖具有了完全不同的性质,而关于斐洛对希腊哲学家的依赖我们常常可以举出章节来说明。对此课题自然而然地产生兴趣的犹太学在《犹太百科全书》的相关条目中可以找到这方面的讨论,Siegfried 的《斐洛》,同前,第 142—159 页有更加详细的处理。

论摩西有关创世的叙述

提要与分析

斐洛说，宇宙生成说可以恰当地用作《律法书》的引言。这种宇宙生成说涉及的主题确实太崇高了，很难恰当处理。摩西的做法有两点非常突出，即时引起我们的注意：一点是宇宙的起源被归于一位造物主，而造物主本身是“无起源”的；另一点是造物主“照管”着他创造的东西。

摩西没有用“六日”来表示创造世界的那段时间，而是用来表示支配创世的原则，即秩序和生育力。

在物质世界出现之前就有一个无形体的世界存在于神的“逻各斯”* 或“理性”中，就像一个城市的设计早存在于设计者的大脑里。

（我们必须记住）对宇宙有直接效用的原因是善；善是宇宙的终极原因，是宇宙在其能力允许的范围内获得的。

这个无形体的世界可以被描写为“从事创世活动的神的话语”。这个话语就是神的形象。在这个创世活动中，人（部分）和整个宇宙（整体）被创造出来。

在斐洛看来，“起初”意味着是无形体的不可见的天和地先于

---

* logos，或译“道”。——中译注

有形体的可见的天和地。他说,“生命气息”和“光”是通过被称作“神的灵”的那个存在和其它被宣称为“好的”或“美的”的存在物来显示的。他看到“黑暗”和光明被黄昏和黎明所分离;时间的诞生是在“一日”。斐洛奇怪地从提到创世之后的一个“第二天”推断出,这一整天是用来创造可见的天的。陆地和海的形成是由于咸水从海绵般的大地中撤走,淡水留了下来;陆地被命令长出树木和植物来。它得到这个命令是在日月被造出来之前,因此,不能把植物结果实的原因归结为日月。

说到第四日的工作,斐洛提出数目四的意义。他指出“光”给身体和心灵带来的福益,说光引导人的视野向上注视天体因而产生哲学。他把天体产生的目的理解为放光、预示将来的事件、标定季节和度量时间。

第五日适宜说成是创造有五官的生物的日子。

与人的创造有关的,斐洛指出几点:(一)秩序的美,在生物中从最低级的上升到最高级的;(二)“按我们的形象”所指的是心灵而不是身体;(三)“照我们的样式”的准确含义;(四)“我们要造”这句话包含着创世有其它同工的合作,(所以斐洛建议)这种合作与可能发生的罪有关;(五)人最后出现的四个原因,亦即

1. 这样他可以看到一切都已经为他准备好了;

2. 这样他可以使用神的恩赐等等;

3. 这样,这个“人”,雏形的“天”,可以与在此之先被创造的天相称;

4. 这样,他的突然出现可以使野兽敬畏。

他在创世序列中的最后出现并不表示其地位低下。

谈到第七日，斐洛指出它的尊严，并详细论述数目七的性质。(一)在无形体事物中(89—100)；(二)在物体的创造中：1. 天体(101f.)；2. 人的生长阶段(103—105)；3. 作为 3+4(106)；4. 在级数中(107—110)；5. 在所有可见的存在物中(111—116)；6. 在人以及人所看到的(117—121)和体验到的(121—125)一切中；7. 在语法和音乐中(126f.)。

说完摩西对数目 7 的尊崇以后，斐洛把《创世记》2 章 4 节以下当作结论性的总结来处理，说它证明了《创世记》1 章所记载了无形体的理念的创造。从《创世记》2 章 6 节导出一段对淡水这个主题的讨论以后，摩西提到出自尘土的人(创 2:7)，把这个人与那个按神的形象造成的人作了区别。前者的存在是构成性的，土的基质和神的气息。许多例证用来说明他的极为优秀。他被称为“世界的唯一公民”，这一称号的意义也作了说明。他生理上的优点可以根据他衰退的后代的状况猜测出来。他的理智使他应神之要求给动物命名。女人是这个人堕落的诱因。

第 153—169 节*涉及伊甸园、蛇、人的堕落及其后果。作者告诉我们，那座园子代表灵魂的主宰力量，蛇代表“快乐”，并认为这样理解非常恰当。作者考虑了蛇说人话的问题，也涉及《利未记》11 章 22 节对“斗蛇者”的赞扬。强调的重点是“快乐”通过女人来攻击那个人。因为堕落而给那个人和那个女人带来的结果也作了追述。

* 此为希腊文原文节数。本书正文中的分节系英译文的节数。——译注(即本书第 63—67 页，第五十四节至第六十节。——编注)

这篇论文的结尾是一个关于宇宙生成论的小结。要点是：

(一)神的永恒存在(用来反对无神论)；

(二)神的唯一性(用来反对多神论)；

(三)世界的非永恒性；

(四)世界的唯一性；

(五)神的远见。

(一)有些立法家直截了当、不加修饰地制定出一套为其民众公认为正确的礼教准则,有些则把他们的思想纳入许多无关的琐事之中,使民众如堕雾里,反把真相隐藏于其虚构神话之中;摩西摈弃这两类做法。他斥责第一类立法家缺乏哲学家式的彻底探索原因的艰苦努力,另一类则完全是虚假和欺骗;而他自己则以一段令人肃然起敬的,感人的要义*引介他的律法。一方面,他避免突兀其来地道出该做什么或该防范什么;另一方面,为了使那些生活于律法之下的人们接受律法必须使他们的心灵有所准备,所以他自己又避免虚构神话或默认别人的虚构。他的要义,如我所述,是极能引起我们尊崇的。这篇关于创世的叙述既涉及世界与律法和谐,律法与世界协调,又谈到遵守律法的人是一名忠实的世界公民,[①]按照自然的意愿,规范他的行为,而整个世界本身亦照此管理。

确实没有一位诗人或散文作家能适当地表达出蕴涵在这篇有关创世的论述中的美妙观念,因为它们已经超越了我们言语和聆听的能力。它们是如此伟大与庄严,以至于无法加以调节,使之适宜凡人的舌头和耳朵。但它们一定不能因此而在静默中被忽略。并且,为了这位神所钟爱的作家,我们甚至必须大胆地超越自身的

* 希腊文“arche”可解作原则、原素和要义等。依本书内容而言,似乎译为要义最为贴切。中译文中出现的希腊文部分按拉丁化拼写。——中译注

① 此处“世界”当然意为宇宙(Universe 或 Kosmos)。

能力。我们不会从自己的库房中提取些什么，但是面对所遇的一系列问题，我们会涉及一些观点，诸如那些我们可以相信是人的心灵在热爱与追求智慧时所获得的东西。最精细的纹章在雕刻匠的手掌里具有具象的轮廓。所以，记录在律法书中的创世之美可以被细微地描述出来，它们在创世之际是超验的，其光芒令观者的心灵眩晕。但是，我们首先必须注意那些一定不能在静默中被忽视的东西。

（二）有些人崇敬的是世界而不是世界的创造者，他们声称世界没有开端，世界是永恒的，同时又虚假地，不虔敬地把神设定为巨大的无活力的东西；而我们正相反，必须对神作为创世主和天父的力量感到震惊，而不是对世界不相称地歌功颂德。摩西，由于他已经达到哲学的顶峰，并且已经领悟了关于自然的学问中最伟大而又最基本的部分，必定会承认宇宙*须由两部分组成，一部分是主动的原因，另一部分是被动的物体。主动的原因就是那最完美、纯洁无污的宇宙理智，**超越德行、超越知识、超越善良本身和美本身。*** 被动的物体本身不能具有生命和运动，但在理智使之产生运动，使之具有形状和使之加速时，它就变成最完美的杰作，亦即这个世界。那些断言这个世界是无根源的人下意识地取消了所有事物中最有益的，必不可少的，激发虔敬的东西，亦即神意。被创造的东西由它的父亲和创造者来照管是合情合理的。众所周

* 原文“ontes”原意是本质。——中译注

** “nous”，心灵。——中译注

*** 所谓美，就是柏拉图所讲的“to kalon”。——中译注

知,父亲对他的子孙,匠人*对他的作品都会加以保存,用各种方法使他们的所有部分都得到保护,使之不至于丢失或遭到伤害。他热忱地想要以各种方式为他们提供有益的东西,而在那些没有被创造的东西和没有创造它们的造物主之间却不构成这种联系。但是,此说将混乱置于井井有条的世界之中,使之没有保护者、仲裁人或审判官,没有任何管理和指导所有事务的职司。这种学说是毫无价值的,是邪恶的。

摩西不是这样。这位大师认为无起源的东西属于那与可见事物不同的序列。因为一切可感的物体都是不断生成变化的,绝不会长期保持同一状态。他把不可见的事物和理智的对象规定为与无限的亲属,而对那些感官的对象,他常用“变易”这个词作为它们的恰当名称。** 既然这个世界是可见的、能被感官所感知的,那么它一定有过起源。从这个论点出发,我们可以涉略他记载的要点,按神工的庄严阐述起源问题。

(三)他说,世界在六日内被创造出来不是因为它的创造者需要一段时间做工,因为,我们必须认为神同时做完“所有”事情,记住,“所有”这个词也包括神在背后发布命令的念头在内。他说“六日”,因为那些生成的东西需要秩序,秩序和数目有关,按自然法则,最有生育力的数目是 6;因为,如果我们从 1 开始,1 是第一个完全数,相当于 6 的一个分解因子(例如,1×2×3),也与诸因子之

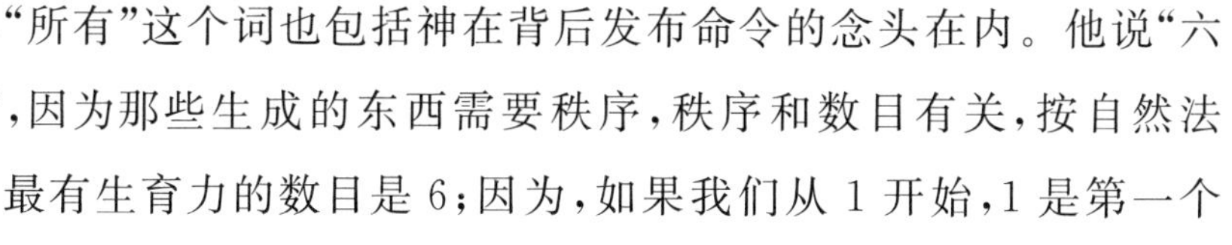

* “demiurge”,亦即柏拉图《蒂迈欧篇》中的工匠。——中译注

** 这里“以感性认识之物”(to aistheton)和“以理性认识之物”(to noeton)乃是斐洛承受了柏拉图思想中感性与理智的对比。前者有形体,可见;后者无形无体,不可见。——中译注

和相等(例如 1+2+3),6 的一半是 3,6 的三分之一是 2,6 的六分之一是 1。[①] 我们可以说,按其本性,6 既是阴性又是阳性,是两种特殊力量作用的结果。因为在事物中,奇数为阳,偶数为阴。若以奇数 3 为起点,乘以偶数 2,两者相乘的结果为 6。为了使生成的事物成为最完美的,这个世界必定要按照一个完美的数目来构成,这个数就是 6;又因为它本身的存在源于一个混合物,所以它应该烙有混合数的印记,亦即它应当是奇与偶的结合,应当包含阳性和阴性的始基,阳性播种,阴性承受种子。

他在论述各天时规定了这个整体中的某些部分,然而不包括第一天,他甚至不称之为"第一",以免将它与其它天数一起计量,而只是称之为"一"。[②] 这是一个准确无误的名称,他用这个名称来描述这个基数,或"一",因为用这个头衔可以识别和表达它的本性。

(四)我们必须尽可能多地列举它所包含的要素。当然,要列出所有的要素是不可能的。如那篇讨论"1"的论文所示,它最主要的成分是理智世界。因为,神既然是神,如果他要创造一个美丽的摹本,这个摹本绝不会偏离那美丽的原型;并且,没有一个感性之物,如果它是完美无瑕的,不是照着那只有理智才能识别的原型被造出来的。所以,当神想要创造这个可见世界时,他首先完美地构成了这个理智世界,以便于在他创造物质世界时可以使用这个完全像神的、非物质的原型。物质世界,作为后发生的创造物,为前

① 参阅 Plato,《理想国》(*Republic*),viii,546B;St. Augustine,《论神的城》(*De Civitate*),Dei,k. xi,ch. 30。

② "one",《创世记》1 章 5 节:"有晚上,有早晨,一日。"

者的摹本，以至如理智世界所包含的对象，同样多的各类感性对象亦包容于自身之中。

谈论或想象那个由理念*组成的世界存在于某处是不合理的。但若我们小心地留意那些由我们这个世界的事物所提供的某些印象，我们可以懂得这个理智世界是怎样由理念构成的。某些国王或总督为了满足他们追求专制权力的膨胀的野心，会乐意建造一座城市，以便在他们的好运上增添一些新的光彩，于是就会有一些训练有素的建筑师到来。他们根据最有利的气候和最便利的地理位置，首先在自己心里绘出所要建造的城市的各个部分：神庙、运动场、市政厅、市场、港口、船坞、街道、想要建造的城墙、住宅，以及公共建筑。这样，这座城市首先在建筑师的心灵中产生，就好比先用蜡块把那些不同物体的形状塑造出来。此时，他就携有他心灵的产物，这座城市的形象。往后，凭借他内在的记忆力，他回忆起这座城市各部分的形状，并且更加清晰地刻出它们的标记；作为一个高明的匠人，他开始用石头和木材建造这座城市，在此期间，他始终注视着它的原型，使被造的可见的有形物体的每一部分，都与无形的理念相吻合。

我们关于神的观念正应如此。我们必须设想，在他要建造一座大城市时，神在动手之前，先设想出它各部分的模型，从而构筑并完成一个只有理智才能识别的世界。然后，以此为原型，我们的感官所能感受到的世界才被造出来。

（五）这个在建筑师的头脑中被预先构造出来的城市，在这个

* “ideai”，亦即柏拉图思想中的理念世界。——中译注

外在的世界中虽然没有位置,但如被某个印章铭刻在匠人的心灵中;即便如此,这个由理念构成的宇宙除了在神圣的逻各斯*中没有别的位置,神圣的逻各斯是这个有序构造的创造者。还有其它地方能足以适合他的力量去接受、或包含任何非复合的或非调和的东西吗?我会说非此莫属。

这正是一种创造宇宙的潜能。** 除了真正的善没有其它任何东西可以作它的根源。在我看来,对一个刻意想要寻求创造万物的原因的人来说,他如果说万物之父和万物的创造者是善,那是不会错的,也确有古人这样说过;由于万物之父是善,所以他不吝啬把自己的优秀本性,赋予每个本身不具有任何美和爱,而却可以转化变成万物的存在物。存在物本身没有秩序、质、灵魂、相似性;它充满不一致、错误的裁决、不和谐;但它能够转化,变成最优秀者,变成与先前所有性质都不同的东西,变得有序、有质、有生命、一致、相同、相似,有完善的调适与和谐,转化为所有那些更优秀的模式具有的性质。①

(六)神没有参谋可以帮他作决定。在他身旁还能有谁呢?他决定要将丰裕的、无限的福益赐予那个处在神的恩惠之外、自身又不能获得好东西的世界。但他恩赐的东西并不等于他自身恩惠最伟大的部分,而是与承受者的能力相称,因为神的福益是无限的。这个被创造的世界所承受的福益的性质与神恩赐的性质并不相等,因为神的威力是无穷的,而这个被创造的世界因为太虚弱而不

* 逻各斯在希腊哲学中历史悠久,而斐洛之阐释有其独特之处。——中译注

** "dynamis",原为希腊诸神之一。——中译注

① 柏拉图,《蒂迈欧篇》(*Timaeus*),29E。

能容纳神的丰盛,如果竭力去承受它就会崩溃,能恰当调适自身各部分的神也不会让它这样做。

想要使用简洁明了的方式表达自己见解的人会说,那个只有理智才能识别的世界,无非就是已经从事创世的神的逻各斯。因为,那座只有理智才能识别的城市,无非就是建筑师设计建城时的理智能力。这是摩西的主张,而不是我的。请参看他以下的记载:在着手记述造人时,他说,人是照着神的形象被造的。* 假如部分是形象的形象,那么显然整体也是形象的形象;若整个创世,这个我们的感官所能感觉到的整个世界(由于它比任何人的形象更伟大)是一个神的形象的摹本,显然那作为原型的印章亦如此,这就是我们断言的那个由理智来识别的世界,这个世界就是神圣的逻各斯。

(七)然后摩西说:"起初,神创造天地"。在这里,"起初"这个词并非如某些人所认为的那样,具有时间意义,因为在有世界之前不会有时间。时间与世界同时产生或在世界之后产生。因为时间是某个由世界的运动所决定的、可度量的空间,又因为运动不能先于运动的物体,而必须是在运动的物体之后产生或与之同时产生,所以时间必定是与世界同时产生或在世界产生之后才有的。冒险去证明时间先于世界是歪曲事实真相的。由于"起初"这个词在这里不是指时间的开端,所以它像是在指某种秩序。所以"起初神创造天"相当于"神首先创造天"。这确实是合理的,天应该首先存在,它是被创造物中最优秀的,也是从存在物中最纯洁的部分中造

* 《创世记》1 章 27 节。——中译注

出来的，它注定要成为明显可见的诸神的最神圣的居所。即使造物主同时创造万物，秩序无论如何也仍旧是极为美好地产生的所有性质之一，因为无序混乱之处缺乏美。秩序是发生在先或在后的事物的系列。在特定的顺序中，这个顺序尽管在完成了的产物中看不见，但却存在于制造者的设计中；因为只有这样，这些事物才能完全精确地塑造出来，才能不偏离其运作的道路或者不互相冲撞。

所以，创世主首先造出无形体的天和不可见的地，以及空气和虚空的理念*。摩西把空气称作黑暗，因为空气在孤身独处时是黑暗的；他把另一种形式称作“深渊”，因为虚空是个巨大的、深不可测的区域。然后，他创造出无形体的水，生命气息，以及第七样，就是光。这光是只有理智才能识别的东西，就是满天的太阳和所有发光天体的无形体原型。

（八）摩西给生命气息和光特殊专位。一种他称之为神的“气息”，因为气息是生命的最大给予者，而神是生命的创造者；而于光，他说光是格外美好的（创1:4）；因为理智的东西放射的光辉远远胜过可见事物，如同光明必定远远胜过黑暗，白天远远胜过黑夜。理智，整个灵魂的主宰，远远胜过肉眼。只有理智才能识别的不可见的光，成为神圣逻各斯的形象。神逻各斯把它带入我们的视野；它是超天体的星座，是那些感官所见的星座的源泉。把它说成“全光”是不会错的。太阳、月亮以及恒星和行星，按比例和按能力各自从它那里取得适宜的光；那纯粹的、未被削弱的光一开始从

* “ideai”，柏拉图使用的概念。——中译注

理智转为感性时就变得暗淡，因为没有任何感官的对象可以避免暗淡。

(九)摩西说“渊面黑暗”也是对的(创1:2)。因为从某种意义上说，空气位于虚空之上，空气扩散开来填满整个巨大的孤寂的虚空，填满从月亮到我们之间的所有区域。理智之光燃点后太阳才被造，然后，它的对手黑暗就撤退了，因为神完全知道它们之间的相互对立和本性冲突，用一道分离之墙把它们隔开。然而，为了使它们避免因不断冲撞而引起的混乱，防止在盛行和平之处发生战争，以及在有序的宇宙中发生无序，他不仅分隔光明和黑暗，而且还在发生争端之处设立界标，借此约束各方的端点；因为，一旦光明与黑暗成了真正的邻居，它们必然会进行扩张，并为了争夺主权而无休止地冲突从而产生混乱状态。在这种情况下，它们的相互骚扰被设置于它们之间的边界所阻挡和约束。这些边界就是黄昏和拂晓。拂晓温和地约束着黑暗，报道日出的音信；而黄昏伴随着日落，温和地欢迎黑暗的到来。然而，我们必须把它们，我指的是拂晓和黄昏，列为无形体的和理智的事物，因为它们之中没有任何感官，它们只是模式、尺度、类型和印记，而这些都是无形体的，为创造其它物体而设的。当光明产生，黑暗被逐出它的路径而退隐，黄昏和拂晓被确定在光明与黑暗之间作为界标时，由此而来的一个必然结果就是时间尺度的产生。它的创造者称之为“日”，不是“头一”日，而是“一”日，用这个表述法是因为理智世界的唯一性，亦因为它与数目“1”有自然的亲属关系。

(十)然后，无形体的世界完成了，并被定位于神圣的逻各斯之中。而感性的世界依据无形的原型诞生。在这个世界的各部分

中，神首先造出其中最优秀的部分，就是天，他称这天为“结实之天”，因为它有形体。* 因为这个物体是天然的结实，因它有三重向度。确实，我们在设想一个无结实的对象和一个物体是什么样的时候，除了把它想像为朝各个方向延伸之外，还能怎么想呢？所以，与无形体的和纯理智的东西正相对立，他把这个像物体的、能为我们的感官所感受的天称为“结实之天”是理所当然的。在此之后，他就简称为“天”。这样做没有错，既因为天是万物的边界，又因为天是可见事物中最先产生的。① 他称天被创造的日子为“第二日”，这样就把整个一日的空间和间隔赋予了天。他这样做是因为考虑到天在感性物体中所据有的尊严地位。

（十一）然后，在下一个阶段，巨量的水被倾泻到大地上，并在大地各处寻找自己的出路，就好像穿越一块充满潮气的海绵。由此产生沼泽和泥潭，土和水被混合在一起，像一大块面团被揉制成无形状的或各部分无区别的单一东西。神接着命令所有的咸水，因它们会引起谷物和树木不能生长，聚集在一起，从大地各处的微孔流向同一处。于是旱地出现了。新鲜的淡水留下来保持土地的永久性。因为，适量提供新鲜的淡水可以将各分离的部分粘连起来，亦可以防止因完全干燥而产生的贫瘠和荒芜，又使土地能像个母亲，为后代提供的两类营养物，不是只提供固体食物，而是提供两种，即食物和饮料。因此，大地像乳房似的拥有丰富的血管。这些血管张开时就会流出河流和清泉。为使大地拥有无限的生育

---

* “结实之天”的希腊文是“stereouma”，这个语词有“结实”和“天空”两层意思。该词见《创世记》1 章 6 节。英语“firmament”亦含有同样双意。——译注

① 希腊双关语：“天”为“ο ὐρανός”，“边界”为“ὅρος”，“看见”为“ὁρᾶν”。

力，神也让地下水道渗入丰饶的沃土。把这些成分安排有序后，神给他们起了名字，称旱地为“地”，称与旱地分离的水为“海”。

（十二）然后神开始安排大地，因为他命令大地生长出青草和谷物，既有各种杂草，也有丰饶的牧草，以及其它所有能给牛羊作饲料和能给人作食物的东西。他又促使各种树木生长，一样也没有遗漏，包括野生的树木或我们称为果树的树木。然而，与当前的自然秩序完全不同的是，那时所有树木在生长出来的时候都已经结满果实。而现在，整个过程是轮流发生的，有的树在这个时候结果，有的树在那个时候结果，所有果树不会在同一季节结果。每个人都知道，这是因为播种在先，种下的东西生长在后。播种使种子的根向下生长，像打下根基；然后向上生长，长高，长成主干和茎梗；再往后，发芽长出树叶；最后是整个过程最辉煌的一段——结出果实。此外，果实也不是一下子就完全成熟的，而是经历着各种质量方面的变化。这也就是说，果实的大小和性质各异。它们的最初形态是一些微小的、不可再分割的薄片。这些薄片是如此微小以至于肉眼无法看清，把它们说成是“最初的感性物”没有错。再往后，它们逐渐生长，得到灌溉和营养物的滋养，得到温和的微风的吹拂，微风因寒冷而加剧，因升温而变得温和，最后才长成有一定尺寸的果实。它们长得越大，形状就变得越来越多样，如有一位画家灵巧的手给它们画上了不同的颜色。

（十三）如上所述，神在最初创造万物的时候，就已经使所有在大地上生长的草木完美。此时树上结的果实不是生的，而是已经完全成熟，可供其后产生的动物直接享用的。然后神命令大地长出所有这些植物，而大地，就如已经长期孕育并处在分娩过程中，此时长出各种农作物，各种树木，还有无数的果实。这些果实不仅为动物提供食物，而且也为它们自身物种的长期繁衍提供营养，果实中包含着的种子的基质，隐藏在这些基质中的始基或万物的原理。* 随着季节的循环，这些始基会扩张和显露。因为神想要自然按照能返回起点的过程运行，所以神赋予物种永恒性，使之成为永存的分有者。由于这个原因，他引导开端迅速地走向终点，又让终点顺原路返回开端。这就是为什么植物长出果实，这是从某个开端而来的终点；而果实中又包含着能长成植物的种子，这是从某个终点而来的开端。

（十四）在第四日，此时大地已经造就，神就给美丽多彩的天空定位。他没有把天放在低于大地的位置上，给比较低等的创造物以优先地位，也没有把天空这种比较高的更具有神性的东西放在二等的位置上，而是明确无疑地表明到他创世的大权能。神预知还未成形之人的思维方式，知道他们会去思考那些只是看上去可能的或只是似乎有理的东西。这些东西有许多可以得到论证的支持，但并不旨在绝对真理。神又知道他们会去相信现象而不相信神；尊崇智术而不崇尚智慧。为防避他们会去按时观察日月的升落，夏季和冬季依赖它，春秋变化也取决于它，而且设想天体的有规律的运动是大地上每年生成的一切事物的原因，并会有人因无比的狂妄或极度的无知，而危险地把首要的位置归于任何被创造的东西，神说："让他们回过头来想想这个宇宙的最初创造，想想日

* 原理的希腊文是"logoi"，即逻各斯之复数，亦即指各物种的内在律例。此处表明斐洛受斯多亚主义的影响。——中译注

月产生之前，大地生成所有种类的植物和果实；思考这一点可以让他们在心中形成一种展望，认为以后产生的东西也是因为天父的命令而在能使神喜悦的时候产生。”神不需要那些他赋予过力量但未赋予自律性的天上产物；神就像一个抓着缰绳的驭手，或像一名把着舵的舵手，把万物指引到他所喜悦的方向上去，这个方向就是律法和正义的要求，神自身却无需其他人或事物；对神来说，一切都是可能的。

（十五）这就是在装点天体之前大地长出植物的原因。但后来天是按照一个完美的数字来适当地装饰的，这就是四。把 4 称作 10 这个完全数的基础和源泉是不会错的，因为 10 实际上就是潜在的四；也就是说，把数目 1 至 4 加在一起，就产生 10。4 是一个可用来划分其它无限的后续数的界线；以此为转折点那些数反复变化，重复演进。

4 也包含音乐中的和声的比例。4 个音符的音程产生和音，5 个音符的音程也产生和音，还有单八度音和双八度音。最完美的和声就是用这些和音构成的。分配四音符和音符长短的比例是一又三分之一，五音符的比例是一又二分之一，单八度音的比例是二，双八度音的比例是 4。这些比例都包含 4 这个数目，一又三分之一就是 4 比 3；一又二分之一就是 6 比 4；2 就是 4 比 2；4 就是 4 比 1。

（十六）我们还可以说说 4 这个数目具有的其它奇妙的性质，也可以在心灵中思考。这个数最先显示物体的性质，而与在它之前的那几个数相关的事物没有真正的基质。在所谓几何学中，1 表示一个点，2 才表示一条线。若 1 延伸自己，可以构成 2；若 1 个点延伸自己，可以构成一条线，这条线有长度，但没有宽度；若加上宽度，结果就构成一个面，这就属于3的范畴了；要把它变成一个物体的面还需要一样东西——深度，把深度加于3产生4。这就表明4这个数是极为重要的。就是这个数把我们引出无形体的只适合理智的存在范围，为我们导入有三个向度的物体的概念，依其本性，它首先进入我们感官的范围。如果有人听不懂我说的意思，只要想起一个非常熟悉的游戏，都能明白我的意思。玩坚果游戏的人习惯于把三颗坚果全部摆在一个平面上，然后加上另一颗，由此构成一个角锥体。处在一个平面上的三角形只涉及数目3；加上一颗坚果产生数目4，但在形状上构成一个角锥体，因为这个向度的增加而产生了一个体。此外我们还必须记住，4这个数在自然数中第一个包含正方于自身，它是公正和平等的标志。只有在这个数中，无论是把相同的因数相加或是把两者相乘，用2加2，或用2乘2，结果都是4。由此展现为一种极为和谐的形式，其它数目都不可能这样；例如6，它是两个3之和(如同4的情况一样)，但它不是3与3相乘之积，那样会产生另一个结果，即9。

4还具有其它一些能力，对此我们将在那篇专门讨论4的论文中详尽地叙述。此处，只需再指出4是创造天和创造世界的起点也就够了。因为，四种元素来自数目4，这个宇宙是从这四种元素中塑造产生出来的，就像从一个源泉中流出。此外，一年四季亦如此。它与动植物的生成有关，一年分为四部分，是为春、夏、秋、冬。

(十七)如上述这个数的本性如此高尚，令人尊崇，难怪造物主在第四天用完美的、最神圣的装饰物，亦即发光的天体，照射天空。

神知道光是一切事物中最优秀的，所以他使之为视觉的器官，而视觉乃是所有感官中最优秀的。因为理智在灵魂中的地位就像眼睛在身体中的地位，两者的作用都是看，一个看理智中的事物，另一个看感性事物；两者都有需要，理智需要知识以知晓无形体的对象，眼睛需要光线以识别物体的形状。

光已经证明自身是人类许多福益的源泉，其中最杰出的是哲学。* 在光的向上引导下，人的视觉能力识别出天体的性质和它们的和谐运动，看到恒星和行星如何有序地环形运动，前者在不变的轨道上运行，所有恒星都一样，而后者有两种循环旋转（自然旋转），两种旋转并不一致。神标定了所有这些天体的舞蹈节律，它们被一种完美的音乐法则所调度，视觉在人的灵魂中产生一种不可言喻的喜悦和欢乐。在欣赏了视觉展示的一个又一个美景后，人的灵魂在观看后仍不满足。于是如通常所发生的那样，它开始忙于提问：这些可见物体的本质是什么？它们在本质上是无起源的，抑或它们的存在有一个开端？它们的运动方式是什么？支配它们的原则是什么？哲学产生于对这些问题的思考，而人生中没有比哲学更加完全美好的了。

（十八）看着原初的理智之光，神创造出我们的感官所能感受到的天体乃是按照着那理智的光的概念，而我这里提到的理智之光属于无形世界的序列。天体是形象，是神圣的极为美丽的，神把它们安放在天空中，如同被放置在属于有形存在的最纯洁的神庙

* 哲学的最高峰就是目睹神明，甚至与神合一，这与光的照亮息息相关。参阅柏拉图，《理想国》，同前，514A—518B。——中译注

中。他这样做使天体能服务于多种目的。一个目的是发光,另一个目的是作标记,第三是用它们来适当地确定每年的季节,最后是为了确定年、月、日。众所周知,天体可用来作为时间的尺度,产生出数目的本性。这里提及的每个天体所能提供的各种有益的服务是不言而喻的,但我们可能应当更加准确地把握其真相,应当按照理性的解释,循序渐进,不出偏差。

所有时间都已经被分成两部分,白天和黑夜。天父把太阳指定为白天的统治者,就像一个伟大的君主,而把黑夜交给月亮和星辰支配。我们已经述说过太阳拥有的伟大的支配权,这清楚地证明了:只有太阳自己独自支配着时间的一半——白天,而与月亮相伴的所有星辰被指定为支配另一半,这一半的名称是黑夜。太阳升起之时,可见的众星不仅变得模糊,而且因阳光的倾泻而变得真的看不见了。太阳下降了,它们才开始按其自身的性质发光。

(十九)如他自己所说,[①]天体存在的目的不仅是对大地放光,而且是要给未来的事件一个标记。人们根据星辰的升落和圆缺、季节的出现和消失,或天体的其它运动和更替来推算未来,预测收成的好坏、牲畜的增减、天气的好坏、有风无风、河水的涨落、海水的平静或狂暴,以及季节的怪异现象,如寒冷的夏天,或灼热的冬天,或像秋天般的春季,或像春天般的秋季。确实,人依靠这种根据天体运动所作的推测已经预测到大地的震动和其它无数异常事件,由此证明下面这句话是真理——"光体造出来作记号。"后面还说"定节令"(创 1:14)。根据"节令",他懂得一年四季,也肯定知

① 或译"如摩西本人所宣称"。

道其中的原因。因为,“节令”的含义不就是“完成的时间”吗?一年四季把万事万物引向完成:谷物的种植,和牲畜的生育和成长等等。

创造天体也是为了提供时间尺度;因为日、月、年是依据太阳、月亮和其它天体的有规则的旋转来确定的,这件事本身也表明天体所提供的服务是最有用的。我的意思是,时间的流逝可以表现作为世界秩序一部分的数目,从一天可知数目“1”,从两天可知“2”,从三天可知“3”,从一个月可知“30”,从一年可知相当于十二个月的天数的数字,从无限的时间可以得到无限的数目这个概念。

在天体构成和运动的范围内有如此众多和重要的福益。我想,和它们有关的其它自然运作又是何其多也。这些运作使我们感到困惑,因为万物并不都在凡人的认识范围之内,然而它们却为了整体的永恒在一起发挥作用,在神给他的宇宙设定的不可更改的法令或律法之下以多种形式运行。

(二十)地与天如此恰如其分的各被装备,如上述地在第三日,天在第四日。然后在第五日,他着手塑造各类生物,从创造水生物开始。没有像动物与数目 5 之联系那么密切。因为生物胜过死物,前者可以感性认物。感官有五种:视、听、味、嗅、触。造物主把物体的特殊方面指定给它们,也赋予个体有尝试它的能力,使之能鉴定被其注意到的对象。颜色靠视觉感受,声音靠听觉,滋味靠味觉,气味靠嗅觉,而触觉则检定各种物体的软和硬、平滑和粗糙,以及感知物体的冷热。

然后,他又命令各种鱼类和海怪成形,各按其栖居之地,各从其类。不同的海出产不同的鱼，而非各处都出产所有的种类。这在我们的意料之内，因为有些种类乐意在咸水湖中而不是在真正的深海中生活，有些乐意在港湾和开阔的锚地生活。它们既不能爬上陆地，又不能游得远离陆地。那些经常出没于深海的鱼也避开峭壁矗立的海岬、海岛或礁石。有些鱼在平静的水中兴盛，而另一些则在汹涌的波浪中成长。由于用力抗击波浪的拍打和突袭，它们长得肌肉强健，精力充沛。

紧接着他造出各种鸟类，作为水中生物的姊妹族，两类动物都是浮动的。他留在空中飞翔的生物的形态都是完美的。

（二十一）现在水和天空都已经得到适合于它们的那些生物，他接着又命令陆地生出还没有造出来的那些东西。植物已经被造出来，还缺乏动物。所以神说："地要生出牲畜、野兽和爬行动物，各从其类"（创 1:24），于是陆地按照吩咐生出所有各种形体气力各异、自身具有攻击或保护能力的活物来。

为使这一切圆满完成，神创造了人。我以下要说明神造人的方式。现在我要指出摩西在叙述生命产生时用过的那种完美的发生秩序。在动物生命的各种形式中，最粗糙地造出来的是鱼类，最精细地造出来的、在各方面最优秀的是人类。位于两者之间的是地上行走的和天空中飞翔的物类。因为这些物类的生命始基比鱼类的要强，但比人类的要弱。所以，在有生命的物类中，神最先造鱼类。它们是身体比灵魂占优势的生物。在某种意义上说它们是动物但又不是动物，乃是无灵魂而会动之物。生命始基的种子是从外移植在它们肉身里面，只是为了使它们的身体能持久，恰如把盐加入肉中（有人这样说过）使之不易腐烂。在鱼类之后，神造出鸟类和陆地动物。因为当我们论及它们时,可以发现它们有着比较敏锐的感官。它们的形体结构和各种性质都清楚地表现出生命始基已被植入。

如前所述,为了使一切圆满,神创造了人,并赋予人最优秀的理智,即生命始基自身的生命始基,好比眼睛的瞳孔;关于这一点,那些比旁人更多地研究过事物本性的人说,它是眼睛的眼睛。

(二十二)确实,在那个时候,万物都是同时成形的。但尽管万物一起发生,事实上生命有机体后来是逐个产生的。这显示出一种勾画叙述的秩序。我们在具体生物中看到的秩序是这样的,始于本性最低的生物,终于一切生物中最优秀的生物。一切生物中最优秀的生物是什么,这正是我们要说明的。现在可以用精子作为生物的原始起点。它是一个地位很低的基质,类似泡沫,是显而易见的。一旦它被放入子宫,就变成有形体,获得运动能力,马上开始自然成长。* 生长的东西比精子要好,因为在创造生物时运动比静止要好。自然就像一个工匠,或者更恰当地说,像一门完美的艺术,在构造生物时把潮湿的始基分布到肢体和身体各个部分,把生命气息的基质给予灵魂的能力,给它们提供营养,赋予它们感觉。现在,我们必须暂缓讨论理性能力,因为有人说理性能从外而来,而且是神圣的、永恒的。

这样,自然生长起始于精子那样微不足道的东西,但终结于具有最大价值的动物和人的构成。现在我们看到完全一样的事在创

* "自然成长"的希腊文是"physis",可解作"自然",所以研究自然称为"physics"。"physis"亦可解"成长"。斐洛这里语出双关。——中译注

世时也发生过。创世主在决定造就生物时，按秩序首先造出来的生物是比较低等的，如果我们可以这样说的话，亦即鱼类。而那些按秩序最后出现的是最优秀的，亦即人。在两个极端之间出现的是其它生物。这些生物优于在它们之先产生的，但劣于在它们之后产生的，亦即陆地生物和空中的鸟类。

（二十三）如我前述，在那以后他告诉我们，人按照神的形象和样式被造出来（创 1：26）。他这样说是正确的，因为除了人，没有其它大地的产物更像神。别以为这种相像是一种身体的形式，因为神不会有人的形体，人的身体也不像神。不是的，“形象”这个词只是用来指理智这个灵魂的最高成分。因为他按照一个单一的原型，就是那个宇宙理智，后续产生的那些生物的理智方被塑造出来。* 在这种仿造中，人就看自己理智如神明并把它当作敬畏的对象来供奉，因为理智在人身所占的地位就有如那个伟大君主在宇宙中所占的地位一样。理智是不可见的，而它本性上能看见一切。当理解其它事物的基质时，它本身的基质是不可理解的。理智依靠技艺和知识开辟出四通八达的道路，每一条都是宽阔的大道，它穿越陆地和海洋，审视两者包含的元素。还有，理智的生性高于以太和苍天，它展翅翱翔，沉思天空和它的各个方面，随着指引它的对智慧的热爱，按照完美的音律与行星和恒星共舞。这样，盯着那所有可感事物的基质以外的地方，心灵经过理智世界到达理智世界之外的地方。在那个非凡的爱的世界，它看到种种美景，甚至看到感性事物的原型和根源，它陶醉在一种理性的迷狂之中，

* 参柏拉图，《蒂迈欧篇》，同前，30A—C。——中译注

像那些酒神狂女一样，全身被一种更加远大的期盼和更加高尚的欲望所占据，由此漂移到心灵可感事物的顶尖。它似乎上路趋向于“伟大的君王自身”，但在期盼着想见到他时，一道激流般的强光射出，在它的照射下，理智之眼眩晕了。*

形象并不等于它们的原型或类型，而是有许多不同之处。为了进一步说清这层意思，他在“照着形象”这些词之后加了“按着样式”来表示一种准确的投射，这样做的目的是为了表达得更清楚。

（二十四）有人会问，为什么他在叙述创造人的时候，不像叙述创造其它生物那样只有一个造物主，而是有几个造物主？这样提问是适当的，因为他是这样叙述宇宙之父的话语的：“我们要照着我们的形象，按着我们的样式”。我会问：“作为万物主宰的神需要其它的造物主吗？”或者可以这样问：“为什么神在造天造地造海时不需要任何神作其同工，但却需要与其它神合作，用他自己无需帮助的力量去创造像人这样软弱无力的可死的生物？”这个问题的最详尽答案只有神自己才知道，但如果有依靠或然的推理作出合理的回答，我们无法隐瞒，这个回答是这样的：在存在物中，有些既没有美德也没有恶德，如植物和无理性的动物，植物是因为它们没有动物的生命，不能有意识地接受印象；无理性的动物是因为理智与思考从它们身上被排除了。理智和思考是美德和恶德的居所，它们的本性使它们居住在理智与思考之中。还有一些存在物只拥有美德，不具有部分恶德，这就是天体。它们据说不仅是拥有生命的

* 理智上达天府进入理念世界的记载，柏拉图早在《斐德诺篇》(*Phaedrus*)246A—249D 中已经作过详述。——中译注

物体，而且是具有理智的生物，或者说它们有自己的理智。它们从来就是优秀的，不会允许任何恶德存在。还有一些存在物是混合性质的，比如人。他的性质是矛盾的，既有理智又有愚蠢，既能自控又能放荡，有勇敢也有胆怯，有正义也有不义。简言之，既善又恶，既高尚又下贱，既有美德又有恶德。对神，宇宙之父来说，只由他自己来造出那些优秀的存在物是最恰当的，因为它们与他有亲属关系；由他来造出那些不好不坏的东西于他也并非不相容，因为这些存在物也和嫌恶神的恶德无关；由他来造出那些混合性质的存在物一方面对他来说是适宜的，另一方面则并非如此。说它适宜，是因为它们具有某些较好的始基作为自身的成分，说它不适宜是因为它包含着矛盾的和较差的始基。所以我们看到，他说，只有在造人时神才说"我们要造"。这个表述清楚地表明他在创造人的时候有其它的同工。最后，当人正确地行事、其思想和行为都完美无瑕时，神，宇宙的主宰可以作为他们的根源，而那些犯有相反的思想和行为的人便归咎于他的下属。天父不可能是他的后嗣所犯下的罪恶的根源，因为恶德和恶行是罪恶。

摩西在把这种存在物相当崇敬地称作"人"的时候，还添上"造男造女"这些话以区别人的种类，尽管此时个别的人还未形成。因为原初的物类是从"种"开始展现自身的，就像在一面镜子中向那些拥有敏锐视觉的人展示。

(二十五)人们显然会问，为什么在创世过程中人最后出现?因为如圣书所示，天父和造物主最后创造人。然而，那些比旁人更为深刻地研究摩西律法、精细地考察它们的内容的人会认为，神在把人造成与他自己一道分有理性这些最优秀的天赋的时候，也没有吝惜其它礼物，而是事先为人准备了世上的一切。因为人是与他最亲密最接近的生物，让人在产生时不缺乏任何生资而美好地生活是神的意愿。他慷慨大方地把所有可供享受的东西都提供给人。为了使人生活得更好，他提供了沉思天体的本能。靠着这种沉思，理智感受到对天体知识的热爱和期盼。哲学由此而产生。人虽会朽坏，但藉此却使人变得不朽。这就好比请客的主人不到宴会准备妥帖不会发出请帖。又好比那些进行体育竞技和表演的人，在他们召集观众进入戏剧场或体育场前，总要准备一系列格斗或杂耍以娱乐观众的耳目。万物的主宰以完全相同的方式，像组织竞技的人或请客的主人那样，在请人赴宴或观剧时会事先准备好所需的东西。他希望人一来到这个世界，就可以马上看到一席宴会和一场神圣的戏剧。一方面，这个世界充满大地、河流、海洋和天空生成的万物供人使用和娱乐；另一方面是所有物类的壮观景象。它们的基质和性质是最醒目的，神奇的循环运动秩序井然，按其数量与和谐的轨道适当地运动着。看到这些我们完全可以说，这是一种真实的音乐，是其它音乐的根源和模式。后来的人由此在他们的心灵中刻下这些形象，留下一门对人生至关重要的和有益的技艺。

（二十六）这显然就是人在万物之后被创造出来的第一个原因，但我们还必须提到第二个原因，这个原因也并非不可能。人产生之后马上就会看到所有为生命所必需的给养都已经有了。这是为了能够引导后代。自然似乎呼喊着人的始祖，要无忧无虑地度日，到处都有丰盛的物品供给他们的需要。理该如此，要是非理性的快乐没有控制灵魂，用贪婪的淫欲来攻击，追求荣耀、财富或权力的欲望也没有僭取生命的控制权，没有降低或压抑理智使之沮丧，要是恐惧，这个邪恶的参谋，没有排斥理智去追求高尚行为，也没有愚蠢、胆小、不义和无数其它恶德对人进行攻击。然而就像现在这样，所有刚才列举的恶德占了上风，人毫无约束地放纵自己，只剩下无节制的罪恶的欲求。这种欲求甚至连名字都是有罪的。为了惩罚邪恶，出现了一种适当的处罚。这种处罚就是使获取生活必需品发生困难。于是人只好开垦草原，用泉水和河水灌溉它。他们耕地播种，终身不断、日夜不停地不知疲倦地承受着耕耘的辛劳，但仍难以得到必需的食物，不能按时获得足够的劣质的食物。庄稼由于许多原因而受到伤害，被暴雨蹂躏，被降落的冰雹砸毁，被大雪冻坏，或被狂风连根拔起。水和空气可以用许多方式把庄稼的果实毁坏，使人一无所获。但若人的无节制的情欲冲动能够平静下来，能自控而减弱，他们追求恶欲的渴望能被正义所监视。简言之，如果他们怂恿的恶德和无结果的行动能让位于美德和与美德相应的行为，灵魂中的战火将会被扑灭，在所有战争中，这种战争是名符其实的，是最可怕、最悲惨的。而和平会盛行，会以宁静平和的方式为我们各种能力的发挥提供良好的秩序。会出现这样的希望，神，作为美德和善美之物的热爱者，也热爱人，会为我们的族类提供那同时产生、同时备用的所有好东西。因为这样做显然更简便，不需要诉诸农夫的技艺，而只是提供那些已经准备好的丰盛的食物，而不是让人去生产出那些原先没有的东西。

（二十七）上面所说的足以说明第二个原因。第三个原因如下：神使天成为开端，使人成为终点，因为他想要让被创造物的起点和终点之间有一种亲密的爱的联系。作为开端的是最完善的不灭的感官的对象，作为终点的是大地所生的事物中最高尚的，但却是可灭的。人实际上是雏形的天。他在自身中，像神圣的形象那样，拥有与星宿相应的天资。他有从事科学和艺术的能力、获得知识的能力和获得关于几种美德的知识的能力。由于可朽的与不可朽的东西在本性上是互相对立的，神杷各类事物中最优秀的东西置于开端和终点。天处于起点，人位于终点。

（二十八）最后还有一个蛮有说服力的理由，人必须在所有被造物之后产生，因为，他最后突然出现在动物面前能在动物中产生惊恐。动物一看到人，肯定会极度惊愕，把他当作主宰或主人来崇拜。各种动物一看到人就都被驯服，那些生性最野蛮的动物一看到他就马上变得可以管教的。它们之间仍会有不驯服的争斗，但它们只对人表现出温和与驯服。亦因这缘故，天父不仅使作为生物的人本性上适合拥有主权，而且委任他为生活在月亮以下、活动在陆地上、在海中游泳、在空中飞翔的所有生物之王。神让所有生活于土、水和气三种元素中所有会朽坏的生物臣服于人，但天上之物例外，它们获得神圣的一分。我们眼前发生的事为人的统治权提供了最清晰的证明。一大群公牛有时被一个相当普通的人驱赶。他没有穿盔甲带铁器，也没有带任何保护自己的东西。他只披着一块羊皮，手持一条用来给牛群指路的木杆，可供牧人在旅途疲劳时靠住。看那，有个放牧绵羊的人，有个放牧山羊的人，有个牧牛人带领着羊群或各种畜群。他们甚至并不强壮有力，也不精力充沛，但却使那些看到他们的牲畜产生惊惧。所有那些筋骨强健、拥有天然自卫武器的牲畜在人面前都变得胆怯，就像站在主人

面前的奴仆听从主人的命令。公牛被套上轭具终日深耕土地，有时还彻夜干活，只有一些农夫的手在指挥它们；公羊长满了厚厚的羊毛，春天一到，它们温和地站着，甚至按照牧羊人的命令平静地躺倒，把羊毛献给牧羊人，它们的本性把牧羊人当作它们的国王。还有，所有动物中最有精神的马也是那么容易地可用马嚼子驯服。上马嚼子只是为了防止马匹变得倔强和想要逃跑。马背是凹陷的，像个舒适的座位。烈马把它的骑手驮得高高地猛跑，送他去想要去的地方。而它的骑手稳稳地骑着马，沉着镇静，用马的身体和四脚完成自己的行程。

(二十九)任何想要扩大议题的人都可以有许多话可说，以证明没有任何动物可以逃脱人的管辖，或能从人的控制下被解放。我说过的事实已经充分表明了这一点。但有一点一定不能忽视，最后产生这个事实并不表明人在这个被产生的事物系列中的地位是低下的。驭者和舵手就是明显的例证。驭手尽管产生于马匹之后，获得的位置也在马匹的后面，但仍握有缰绳，能按自己的意愿驾驭马匹，一会儿让它小跑，一会儿又勒缰让它不要跑得太快。舵手也是这样。他们握着舵，处在船上最后面的位置，但我们可以说，他的地位优于船上其他所有人。神让人作为驭者或舵手，驾御和指挥地上的事物，让他照料动物和植物，就像臣服于元首和大王的一位总督。

(三十)整个世界按照 6 这个完全数的性质被塑造完成后，天父赋予其后出现的第七日以尊严，颂扬它并宣布它是神圣的。因为它是一个节日，不仅是一个城市或一个国家的节日，而且是整个宇宙的假日。只有它可以被严格地称为“公共的”，属于所有民族。它也是这个世界诞生之日。我怀疑是否有人能恰当地歌颂数目 7

的性质，因为它们超越任何言词。然而，就是它比其他歌颂的话更美妙，我们也没有理由对它保持沉默。反过来说，即使要想道出7的所有性质或最基本的要点也是不可能的，我们仍需勇敢地尝试着说出至少在我们理智范围内有关7的性质。7或第7只是含义不同的两个项。数目10之内有7，它由7个单元组成，由一个单元的7次重复而构成。数目10之外有7，这个数完全从一开始通过反复倍增(7次)或使之增加两倍，或者按规则进展使之增长而构成。例如，就像数目64是通过从一开始就反复倍增而构成的，数目729是从一开始，反复使之增加两倍而来。每种构成都并非偶然。第二种构成显然更加优越，因为任何有规则的进展的第7项，从单元开始，加上2和3的比率，或任何其它数目，所得结果总是既是立方又是平方。它们包括两种形式，即无形体的和有形体的始基的形式。无形体的形式符合通过平方而构成的平面，有形体的形式符合通过立方而构成的立方体。有关这一点最明显的证据是已经提到的那几个数目。例如，从一开始反复倍增，第7次得到64，作为平方数，它是8乘以8的结果，作为立方体，它是4乘以4，然后再乘以4的结果。又如，从一开始，反复使之增加两倍，第7次得到729。作为平方数，它是27乘以自身的产物，它又是9的立方数，即9乘以9再乘以9。若任何人不以单元为起点而是另取一数为起点，再以相同的方式倍增至第7次或3倍增至第7次，或连续相加至第7次，他肯定也会看到所得的数既是一个立方又是一个平方。例如，从64开始，连续倍增至第7次得到4096。这个数既是一个平方数又是一个立方数。它是64的平方，是16的立方。

(三十一)我们必须过渡到另一类7，即包含在10之内的第7。

它展现出来的神奇性质丝毫也不比前一类逊色。例如1、2、4相加构成7,其中有两个数与和谐有特殊关系,即二重和四重。前者产生音域的和谐,而四重则产生双倍的和谐。除此之外,7还可接受其它划分,就像置于轭具之下的牲畜。首先,7可以分成1和6。然后,7可以分成2和5。最后,7可分成3和4。这些数目和比例最具有音乐质素。例如6与1构成6与1之比。如我们将要证明的,当我们从数目过渡到和谐的比例时,这个比例形成音程中最大的音距,从最高的音符到最低的音符。5比2展现出和谐中最完全的力量,几乎超越和谐。这个事实最清楚地在音乐理论中得到确证。4比3产生最初的和谐,它是一个半间隔。

(三十二)7(或第7)还显示出另一种美,可供我们作沉思的最神圣的对象。由于它由3和4组成,所以它代表着宇宙间所有固定不变的和直立的东西。我们必须指出为什么会是这样。直角三角形是具有特定形状的图形的起点,是由某些数目,亦即3、4、5构成的。3和4,作为7的组成部分,产生了一个直角。由于钝角和锐角是不规则、无次序、不平等的显现,因此某个角可以比其它角更钝或更锐,而一个直角不能与其它直角相比较,也不能比其它直角更直或更能保持其自身而又不改变它的特定性质。既然直角是特定图形的起点,它作为三角形,亦即直角的基本要素,是由构成7的数目,亦即3和4一起提供的,那么7应当合理地被认为是一切图形和一切特定形体的根源。*

* 这种以几何图形作为默思对象,是受新毕达戈拉斯学派(Neo-Pythagoreanism)所影响。——中译注

除上述以外，我们还须进一步提及，3 是属于一个面的数目。点是 1，线是 2，面是 3，而 4 属于一个体。用加上一的办法，或给一个面增加一个深度的办法可以构成一个体。由此显然可见，这样构成的 7 是一切平面和立体几何的起点，或者准确地说，它是有形体的和无形体的事物的起点。

（三十三）7 的本性如此尊严可敬，与 10 以内的其它所有数相比，它具有独特的性质。因为，这些数有些产生别的数，有些被别的数所产生，有些兼有两种情况，即产生别的数又被别的数产生，只有 7 不属于这些范畴。我们必须提供证据来断定这一点。1 产生其它所有后续的数而不被任何数所产生；8 通过两个 4 相加而被产生，但不能产生 10 以内的任何数；4 兼有两种情况，既做父母，又做子女；因为 4 的倍增产生 8，而 4 又通过两个 2 相加而产生；只有 7 的性质，如我所述，既不产生其他数，又不被其他数所产生。由于这个原因，其他哲学家把这个数与无母亲的东西和处女神“尼刻”联系起来，据说她是从宙斯的头颅中产生的，而毕达戈拉斯把它与万物之首相连。* 因为既不产生又不被产生的东西保持不动的状态；而创世是在运动中发生的。在产生和被产生两种情况下都有运动，一种情况下运动使之能产生，另一种情况下，运动使之能被产生。只有一样东西既不引起也不经历运动，这就是最初的主宰和统治者。可以恰当地说，7 是它的象征。费洛乌斯(Philolaus)[1]的下述话语为我的理解提供了证明。他说：“万物有

* 或译“宇宙的主宰”，参见下文。——中译注

① 毕达戈拉斯学派的哲学家，约公元前 5 世纪。

一个最高的主宰，亦即神，永恒的单元，稳定不动的，只有他自己与他相同，而与其它一切不同。”

（三十四）所以，在理智范围内，7 表现为不运动和无情欲；而在感性事物中（在行星的运动中），它是一个最基本的力量，一切陆地上的事物都从它那里得到益处，在月亮的旋转中亦如此。我们必须思考为什么会这样。从 1 开始，加上到 7 为止的后续各数得到 28。这是一个完美的数，与它自身的因数之和相等。这个被产生的数就是月亮返回原初形态的数，月亮逐日亏损直至某一日又开始变盈。这种形体变化是感官能感觉到的，因为从新月开始七天内月亮变成半月，又在同样的天数内变成满月，然后又以同样的方式返回，像一个参加赛跑的人跑过两条跑道，在七天之内又由满月变成半月，然后又以同样的天数从半月变成新月。这四部分的天数构成了前面所说的数。

那些惯于用言词表现自己特殊力量的人也把 7 称作“完美的携带者”。因为，物质世界的一切事物都由 7 带向完美，有关这一点的证明可以从下述情况导出：每个有机体均有长、宽、高三个向度和点、线、面、体四个限度；3 个向度和 4 个限度合在一起得到 7，若非作为 10 的基础的最先的数目，1、2、3、4，已经包含在 7 的性质之中，按照 3 个向度和 4 个限度来度量物体是不可能的。因为这里提到的这些数目有 3 个区间，从 1 到 2，从 2 到 3，从 3 到 4；在这些区间中有 1、2、3、4 这 4 个限度。

（三十五）除了已经提到的证据外，数目 7 的完美力量也在人的成长阶段中显示出来。按下列性质可以衡量幼年到老年：头一个 7 年是牙齿生长的时期；第二个 7 年已有射精的能力；第三个 7

年长出胡须;第四个 7 年体力增长;第五个 7 年是结婚的最佳年龄;第六个 7 年是理智最健全的时候;第七个 7 年是理智和思考改善和发展获得进步的时期;第八个 7 年两个方面都已完善;第九个 7 年,由于更加完全地驯服了情欲,于是出现忍耐和温和;第十个 7 年,产生合乎心意的生命终结。但此时身体器官仍是坚实的。拖延的老年倾向于衰退,器官的机能也会垮掉。雅典人的立法者梭伦,与其他人一样曾用下列诗句描写人生的这些阶段:

> 头一个 7 年,幼小的婴儿长出乳牙又脱落,牙齿围住了他的舌头。上天让他渡过了第二个 7 年,许多标志着少年时期的迹象出现了。在生命的第三个阶段,他的肢体飞快地成长,而他的下巴长出稚毛;少年的早期迹象离开了他的面庞。在第四个 7 年,他精力充沛,看上去确实强壮,所有人都相信这是一个重要时期。让他在第五个 7 年里讨一个新娘,让他有一个后代能继承他的名字。在第六个 7 年,他拥有所能获得的最好的识别能力,不会胡思乱想,也不会任意妄为。到了第七第八个 7 年,他确实抵达识别能力和言语能力最强的时候。在第九个 7 年,他在言语和智慧方面仍然强得足以获得较多成就,但比前一阶段要弱。然后到了第十个 7 年完成之时,人获得生命的终结。死亡,这个并非过早的礼物,作为一种命运已经适时地在召唤。

(三十六)梭伦用上述十个 7 年来计量人生,医生希波克拉底则说,人生有七个年龄段:幼年、少年、青少年、青年、成年、壮年、老年。这些年龄段是用7的倍数来度量的，尽管人生的各个时期并非与年龄段逐一对应。他的原话是这样的：

> 人的一生有7个时期，可称为年龄段：幼年、少年、青少年、青年、壮年、成年、老年。7岁之前是幼年，是他乳牙脱落的时期；到达发身期之前是少年，亦即到两个7岁之前；到三个7岁之前，他的下巴长出稚毛；到四个7岁之前是青少年，整个身体发育完成；到49岁之前，亦即七个7岁之前是成年；到56岁以前是壮年，即八个7岁；从那以后是老年。

下面这些话也有人提及，用来赞扬在自然中占有神奇地位的数目七。7由3加4构成。从一开始，若我们使之倍增，我们会看到第三个数是一个平方，第四个数是一个立方，而第七个数（7由3和4构成），马上既是平方又是立方。第七个数是64，它既是立方又是平方。这样，第七个数确实带来完美。7与两种东西对应，通过平方数与面相应，因其本性与3有关，通过立方数与立体相关，因其本性与4有关，3和4构成7。

（三十七）然而，7不仅带来完满，而且我们还可以说，它带来绝对的和谐。在一定意义上它是最美的比例，其中包含所有的和谐。通过加入四个间距、五个间距或通过八音度产生这些和谐以及所有级数，算术级数、几何级数或调和级数。整个组合是通过下列数目构成的：6、8、9、12。8与6符合4∶3，控制着4的和谐；9与6符合3∶2，控制着5的和谐；12与6符合2∶1，控制着八度音。如前所述，它也包含所有级数。6、9、12构成的算术级数，位于中间的数比前一个数大3，比后一个数小3；几何级数由四个数目构成(6、8、9、12)。因为，12与9之比和8与6之比相同，其比例都是4∶3。调和级数由三个数目组成(6、8、12)。检验调和级数有两种方法：一种方法是，最后一个项与第一个项的关系相当于末项超过中项的部分与中项的首项部分之比。从摆在我们面前的这些数目，6、8、12可以获得清楚的证明。末项12是首项6的2倍，其项差也为2倍，因为12比8大4，8比6大2，4是2的两倍。另一种检验调和级数比例的方法是这样的，无论中项比首项大多少，而中项本身都会被末项超过相同的部分。作为中项的8超过首项6的1/3，用8减去6，余数为2，2是6的1/3；而八也被末项超过同样的部分，12减8得4，4是末项12的1/3。

(三十八)我们已经讲过的内容足以充当一个纲要，以显示包含在图形、组合或把它们叫做其它名称的东西之中的尊严。我们在无形体的理智范围内能发现7拥有所有这些性质乃至更多的性质。但它的本性去得更远，延伸到所有可见的存在物，延伸到天与地，延伸到宇宙极远的边界。因为，有世界的哪一部分不是7的钟爱者，被欲望所征服而在追求它呢？有人说，天空被七条环带所围绕，它们的名字是：北极区、南极区、夏至区、冬至区、春分区、黄道带，此外还有银河。地平圈不属其中之一，因为它是一种主观的观察、是我们视觉的产物。它随视觉的敏锐或迟钝，切割着圆周线，或大或小。行星围绕恒星运动，是天上的主人，它们按七个等级排列，对天空和大地表现出巨大的关心。行星使其中之一(天空)旋转，产生所谓的一年四季，使这些季节千变万化，或平和，或晴朗，或多云，或不寻常的暴风；它们使河流泛滥或干涸；它们把草原变成沼泽，又使沼泽干涸；它们使大海产生潮汐，退潮与涨潮；退潮时海湾出现大片沙滩，顷刻后，潮水回涌，沙滩又成为深海，不仅能停泊小舟，而且能停泊载货数吨的大船。是的，行星使地上的万物，有生命的动物和结果实的植物生长、成熟，使它们的自然力量能够发挥圆满，使新果能在老树上生长成熟，为需要者提供丰富的食物。

（三十九）再说被称作水手护卫者的大熊星座由七颗星组成。舵手目视着它们，在海上辟出无数条航道，从事着超越人的信心和力量的事业。靠着观察这个星座，他们发现了至今不被人知的国家，大陆居民发现了岛屿，岛上居民发现了大陆。现存万物中最纯粹的天实是应当启示给神最爱惜的生物——人，这样人才会发现藏匿在大陆和海洋中的这项秘密。此外，昴宿星团是由七颗星组成的。它们的显现和消失给人类带来巨大益处。它们在天空中出现，农夫就犁起垄沟准备播种。它们即将升起的时候就宣告收获季节将要到来。它们的升起使地上的农夫欢乐，这是让他们收割庄稼以备需用。他们还储藏食物，以供日用。太阳，白天的主人，也是这样。它带来每年两个平分点：春分和秋分。春分点在白羊星座，秋分点在天秤座。这些都为 7 这个数目的神圣尊严提供了清晰的证据，因为每个平分点出现在第七个月。这也是按照律法设立最大的国家节日的时候，因为这两个时期是地上所有果实成熟的时候。春天[①]麦类成熟，播种其它庄稼，秋天葡萄和其它大部

① 斐洛似乎具有后来犹太人的信念，认为他们的神圣年始于春季，他们的民用年始于秋季。

分果树结果。

（四十）然而，按照某种自然的相关性，地上的事物依赖于天上的事物。数目七的原则起始于上天，但也向下探访凡人。例如，撇开理智不谈，我们的灵魂的其它部分可分为七个部分，即五种感觉，加上言语能力和生育力。所有这些部分都像木偶活动那样，是由理智之线牵引的，动静不一，每个部分都有姿态和相应的运动。按同样方式，可以进一步考察人体的外部和内部。我们可以看到它们各由七个部分粗成。可见的外部是头、胸、腹、两条上肢和两条下肢。人体内部的组成部分被称作内脏，有胃、心、肺、脾、肝和两个肾。此外，头是动物身上最主要的部位，上面也有七个最主要的部分：两眼、两耳、两鼻孔，及嘴。如柏拉图所说，[1]通过这些部分，可朽的事物有了入口，不朽的事物有了出口。食物和饮料进入人体，可灭的营养物供给可灭的身体，但言语从口而出，它是不朽的灵魂的不朽的法则，人藉此指导理性的生活。

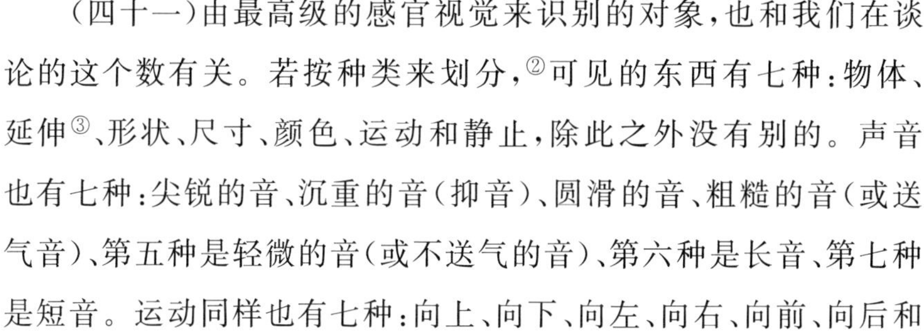

（四十一）由最高级的感官视觉来识别的对象，也和我们在谈论的这个数有关。若按种类来划分，[2]可见的东西有七种：物体、延伸[3]、形状、尺寸、颜色、运动和静止，除此之外没有别的。声音也有七种：尖锐的音、沉重的音（抑音）、圆滑的音、粗糙的音（或送气音）、第五种是轻微的音（或不送气的音）、第六种是长音、第七种是短音。运动同样也有七种：向上、向下、向左、向右、向前、向后和

① 见《蒂迈欧篇》，同前，75D。

② 字义为“按种”，他的意思是，视觉的对象有七种。

③ 亦即“多向度的延伸”，这个词可能表示“距离”或“间隔”，亦即与其他物体的间距。

环形。舞蹈最清楚地表现出这些运动种类。身体的排泄物也（如前所示）受所提到的这个数目的限制：通过眼睛流眼泪；通过鼻孔排泄净化头部；通过嘴吐痰；也有两个容器供排泄剩余物，一在前，一在后；位于第六的是遍布全身的排汗，位于第七的是通过生殖器官自然而正常地排泄精子。

再者，精通自然过程的专家希波克拉底说，精子的固化和胚胎的形成都在七日内发生。还有，妇女月经的洁净过程至多七日，子宫孕育子女的自然过程也在第七个月里完成。最奇怪的是七个月的胎儿出生可以成活，而八个月的胎儿生下来反而不易成活。几种身体疾病也是这样，体内紊乱而引起的持续高烧第七天特别危险，因为第七天是生命斗争决定性的一天，它给有些人带来康复，给有些人带来死亡。

（四十二）数目7不仅在已经提到的这些领域中发生影响，而且在那些最高级的学科，语法和音乐中产生作用。例如，七弦琴，与行星群诗班相应，产生最高尚的旋律。把七弦琴说成是所有乐器之王并不过分。在语法学中，字母中有七个被称作元音或“响音”，* 因为它们显然自身就能发声，而且又能与其它字母相拼，使字母组合发音。一方面它们填补“半响音”的空缺，使发音完整充分；另一方面它们改变“非响音”（辅音）的性质，通过呼吸把它们自己的能力输入辅音，从而使本来不能发音的字母能够发音。根据这些理由，我认为，那些最先给事物适当地起名字的人是聪明的。他们把这个数目称作7，是由于它所拥有的“敬畏”和渗透于其中

* 即希腊文中的七个原音字母。——中译注

的上天的“尊严”。罗马人在希腊人省略S的地方加上这个字母，使之更加清楚。他们更加准确地把这个数目称作“septem”。如我所说，它从“可敬的”和“敬畏的”这两个词派生而来。*

（四十三）上述和其他人关于数目7的论述和反思，道出了这个数在自然界中所应获得的崇高尊荣的原因。希腊人以及其它民族的数学和天文学的研究都表明7拥有这种尊荣。美德的热爱者摩西也揭示出与它一致的特殊尊荣。他在最神圣的律法石板上刻上数目7的美。将7印在所有在他之下的人的理智中，命令他们在每隔六天之后，把第七天当作神圣的。这一天不能用于那些为获得生资所要做的其它工作，给他们一个时间追求哲学，改善性格，作良心的反省。作为灵魂的判官，良心从来不会在发出谴责时感到窘迫。它有时用锐利的恫吓，有时用温和的训诫。在故意行恶之时用恫吓，在防患于未然时用训诫，此时的恶行还不是故意的，因此需要告诫。

（四十四）在他的记述创世的结论性部分，他说：“这是一本关于天地成形的书。当日，神造天造地，又在葱绿的地出现之前创造了田野的葱绿，在草木出苗头之前创造了田野的草木。”（创2:4，5）他在这里不是很明白地描写了无形体的理念只出现在理智中吗？通过理念，就像盖印一样，我们感官的物体才被塑造出来。他告诉我们，在大地长出绿色草木之前，绿草已经在无形体的自然中存在了；在田野有青草之前，不可见的青草已经存在了。我们必须

* 敬畏即“sebasmos”，尊严即“semnotes”，希腊文7则是“hepta”，拉丁文7为“septem”。——中译注

假定其它所有事物也是这样，对这些事物作出判断的是感觉，原初的形式和尺度存在于先，后来产生的所有具体事物从它们那里获得形状和大小。即使摩西在这里没有详细讨论所有具体细节，而只是为了简洁明了作总体性的一般论述，他所说的仍然给我们一些关于大自然的线索，不使用无形体的原型，就不可能在感性世界产生完成了的结果。

（四十五）注视着创世的秩序，小心地观察后来产生的与先前已有的东西之间的联系，他接着就："有泉水从地上流出，滋润遍地"（创 2:6）。其他哲学家说水是造就世界的四元素之一，但摩西惯于用锐利的眼光去观察和理解那极为遥远的对象。他确实把大海当作一种元素，当作整个世界的第四部分，而他的后继者称之为大洋。我们现今航行的海在大小上与之相比仅仅是一些海湾。但是摩西区分了可饮用的淡水和咸水，把淡水归于陆地，把淡水看作陆地的一部分，而不是海的组成部分。为了达到前面已经提到过的目的，淡水这一部分的性质就像胶水一样把土地连在一起；土地如果干涸了，没有湿气穿过许多缝隙渗透其中，就真地会变成碎片。陆地之可以结合和持久，部分原因是灵气将之结而为一，部分原因是因为有了湿气使它能避免干涸破碎，能持续地结合在一起。这是一个原因，而我还必须提到另一个原因，尽管这个原因只是一种猜测。离开潮湿的始基，没有任何一种土生的东西能够成形，种子的存放或生长表明了这个道理。动物的种子是湿的，植物的种子是干的，但它的生长需要潮湿。由此清楚可见，我们已经提到的潮湿的始基肯定是万物产生的组成部分，恰如妇女的月经，自然观察家告诉我们，它们也是胎儿的生理基质。我还要提到的事情与

已经说过的完全一致。自然赋予每个母亲丰满的乳房,为将要出生的婴儿准备食物。众所周知,大地也是一位母亲,因此,先人适当地把她称作"得墨忒耳"。这个名字由"母亲"和"土地"合成。如柏拉图所说,不是大地摹仿妇女,而是妇女摹仿大地。① 诗人们非常正确地称大地为"万物之母"、"结果实者"、"潘多拉"或"赐予万物者",正因为大地是所有动植物产生、存在、持续的最初原因。因此自然恰当地赋予大地这个最古老、生育力最强的母亲乳房,亦即河流和清泉,使植物能得到灌溉,使所有动物能够畅饮。

(四十六)然后,他说:"神用地上的尘土造人,将生命之气息吹在他的面里。"(创 2:7)据此,摩西也非常清楚地表明,这样造成的人与早先产生于神的形象的人有巨大差别。因为这样造成的人是感觉的对象,已经拥有这样或那样的性质。例如,由身体和灵魂组成、有男有女、天生有死等等。而根据神的形象产生的人是一个理念、类型或印章,他只是思想的对象,无形体男女之分,是天生不朽的。

这个感性和个体的人是土的基质和神的气息的结合物,人体是造物主用地上的尘土塑成人的形状而产生的;但是灵魂却不需要用什么东西造成,而是来自天父,万物的主宰。因为,神吹入人体的无非就是神的气息,它为了我们种族的福益,从有福的、幸福的存在迁徙而来。因此,即使那可见部分是可朽的,* 那个不可见部分仍然是不朽的。** 所以,说人界于可朽与不可朽之间是恰当

① 《美涅克塞努篇》(*Menexenus*),238A。

* 即人的身体。——中译注

** 即人的灵魂。——中译注

的。按其所需,他分有不朽与可朽。他立刻就被造就为可朽与不朽的,在肉体方面可朽,在理智方面不朽。

(四十七)在我看来,那从地所生的第一个人,我们人类的祖先,在他的存在的各个部分都被造就为最优秀的,灵魂和肉体都如此,比在他之后产生的人要优越得多。因为,这个人确实是“美的和好的”。[①] 他的身体的优美形状可以从下述三个方面得到证明。第一,当天下之水聚在一处,被称为“海”的时候,新显露出来的旱地所产生的质料是单纯的、不混杂的或融合的,而且也是柔和的、易于制作的,从中而产生出来的事物是自然的、无瑕疵的。

第二,神很可能没有随便选用大地的某个部分取土,或是仓促地选择尘土塑造人的形体,而是在大地上选择了最优秀的土。他用了纯粹的质料和最精细的、最适宜人体结构的原料。因为,这个神圣的居所或祭坛是为理性建造的。人携灵魂就如携神圣的形象一样,它是一切形象中最像神的。

第三个证明比已经提到的要强得多。造物主在技艺上,以及在其它各个方面都极为卓越,而人体自身的每个部分都不仅应当有合理的尺寸,而且应富最精确,适宜构成整体,并使各部分匀称。神赋予人的身体以血肉,用丰富的肤色装饰它,想要使最先那个人看上去尽可能美丽。

(四十八)很明显,这个人的灵魂也是最优秀的。因为我们知道,造物主不是从被造的事物中取出原型来塑造灵魂,而是如我所述,从他自己的逻各斯中取来原型。根据这个解释,他说,当神的

① “美的和好的”对希腊人来说意味着“完善”、“确实如此”。

气息吹拂在这个人的脸上时，人就被造就为逻各斯的形象和摹本。脸部是感官的领域。靠着感官，造物主赋予人体以灵魂。当神把至高无上的理性安置在人的存在的主要部位时，他让各种感官陪伴理性去识别颜色、声音，以及滋味和气味等等。离开感官的感觉，理性本身不能单独去识别它们。完善的美好的原型的摹本必定也是完善的、美好的，但是神的逻各斯超越美本身。这就是在自然中的美。这逻各斯不仅被美装饰，而且他本身就是美的最好的装饰品。

（四十九）我想，这就是被神创造出来的第一个人，他在身体和灵魂两个方面都优于所有现在还活着的人和所有在我们之前的人。我们起源于人，但第一个人是起源于神。工匠越杰出，作品就越优秀。处在青春期的东西总比青春期已过的东西要好。动物、植物、果实或其它自然界的东西均如此。所以，最先塑造出来的人显然处在我们整个种族的青春期，它的后代从来没有获得同样的青春，而后继的世代在形态和能力方面变得越来越弱。我看到，雕塑和绘画发生同样的情况：临摹劣于原本，按照摹本临摹或雕刻出来的东西更劣于摹本，因为他们距离原型更远。磁性的情况也一样，最先接触到磁铁的铁环粘得最牢，其次的那个铁环就粘得松一些，第三个铁环粘在第二个铁环上，第四个粘在第三个上，第五个吸附在第四个上。这样一长串铁环都被一个吸力吸引而黏附在一起，但各自获得的吸力不同。离起点越远，吸引力越小，因为引力因距离远而减弱。人类显然也经历相同的事，代代相续，而所获的身体和灵魂的力量和质量都变得越来越弱。

如果把我们人类的远祖不仅称作第一个人，而且称作世界的

唯一公民，我们就完全说对了，因为世界就是他的城市和居所。当时没有人造的房屋，也没有用石头和木材造出来的房屋。这个世界就是他的祖国，他无忧无虑地生活在这里。他被认为是大地上所有居民的统治者，所有有死的东西在他面前颤抖，被他管束或被迫服从他，把他当作主宰，所以他生活在舒适安全之中，不会遭受攻击，也不会有战争。

（五十）每个秩序良好的国家都有一部宪法，这个世界公民同样也必须遵守整个世界都需遵守的宪法。这部宪法就是自然的正确理智，更准确地说，它应当被称为“命定”或“天命”，因为它是神圣的律法。与此相一致，所有的存在物都得到相应的一部分律法，天命严格而恰当地落到它们头上。这个国家与政体在有人之前必须有公民。这些公民应当被税成是这座伟大城市的居民，这座城市是他们的居所，他们在这个最伟大最完善的共和国内注册。这些只有灵和神的性质的公民是什么呢？它们有些是无形体的、只有理智可以识别的；有些是有形体，比如群星。与它们相识和协作，人才能在纯粹的极乐中生活。人与这座城市的主宰有近亲关系，神灵已经完全渗入人心，人诚心竭力用他的言行使天父和主喜悦，步步跟随神行走在美德开辟的大道上，因为只有对灵魂来说人才能完全与神一致。灵魂把神当作目标，神产生它们，因此合法地使它们与他亲近。

（五十一）当我们谈论那第一个被造的人和他的灵魂的完美和身体的完美，可能与现实离开很远，但对我们的能力来说却是可能的。他的后裔，因他们也分享了始祖因而形成的最初原型，不能没有保留了一些与始祖为亲属的记号（尽管这些记号也模糊了）。那么，这种亲属关系是什么呢？每个人在他的理智方面与神圣的逻各斯同盟，因为人是被造成神圣大自然的摹本、碎片，或光芒。而人的身体结构与世界同盟，因为他是由土、水、气和火组成的。每种元素都有所贡献，提供自足的质料以备造物主取来塑造这个可见的形象。

再者，人在提到的这些元素中生活都像在家里一样舒适自在，地点完全相宜并与它们有亲族关系，无论他怎样改变他的活动范围，时而逗留在一处，时而逗留在另一处。这样我们可以严格地说，人就是这四种元素，即是土、水、气和天。因为就人的居所和向陆地搬迁来说，他是陆地动物；就人经常潜水、游泳和航海来说，他是水中动物，商人、舵手、捕捞紫鱼和牡蛎的渔夫，或一般的渔夫最清楚地证明了我说的话；就人的身体离地上升飞游，可以说他是在空气中行走；此外，他也可以就是属天的，因为他凭借视觉这个最主要的感官接近了日月星辰。

（五十二）摩西也非常杰出地记述了那第一个人给动物起名（创 2:19），这属于智慧和王权的事务。那第一个人拥有智慧，他向智慧学习，并由智慧亲口授教，因为他是圣手亲造的。此外，他是王，给他的属下起名与其统治者的身份相称。我们可以猜测，这个被造的第一个人拥有至上的主权，因为神极为小心地塑造他，赋予他第二位的尊位，让他成为自己属下的总督和其它万物之主。人繁衍数代以后，由于年代久远，这个种族失去了它的青春活力，但无论如何，人仍旧是非理性生物的主人。人的至上权威和统治权像一支火炬从第一个人那里传递下来。

所以摩西说，神把所有动物带到亚当面前，想看他会给它们起什么名字。这并非神有什么疑问，神无所不知，而是因为神知道自己已经塑造了天然拥有理性能力的人，所以神本身可以不必参与不完善的行为。神是在考验人，像一个教师考问学生，点燃他的内在能力，让他表现出自身的某些才能。靠着自身的才能，人可以准确无误地给那些动物命名，使名字能适当表现它们的特性。此时人灵魂中的自然理性能力仍是纯粹的，没有虚弱、疾病或恶习打扰它。那人接受身体和绝对真实的物体产生的印象。他起的名字是完全适宜的，这些名字道出了被命名的动物的根本性质以及它与其它动物的区别。结果是，人一说出动物的名字，他也就同时理解了它的性质。他的作为是无比高尚的，这样也就抵达了人类幸福的界限。

(五十三)但是，没有一样被造的事物是连续的，可朽的事物必定要变易和倒退。所以，那第一个人也无可避免地经历某些苦难和不幸。女人对他来说标志着倒霉的开始。当一人独居时，他与这种孤寂相一致，他的成长与这个世界相同，也与神相同。他的灵魂承受着它们的性质造成的印象，不是承受它们所有的印象，而是承受一个可朽又组成的性子所能容纳的印象。但是后来那个女人也被造出来了。他看到一个与他相似的形象，便感到喜悦，因而靠近她，和她打招呼。由于没有别的活物比那个男人更像那个女人，她心里欢乐却羞耻地回报了他的问候，此时爱情伴随着产生了，他们就像一个生物分成两半，现合为一体。他们各自拥有寻求交合的愿望，并想要生育和他们一样的后代。这种愿望同样产生了肉体的欢娱，这种快乐是犯法的开端。为了这种快乐，人给自己带来了可朽的生命，颠覆了不朽与福佑。

（五十四）当那个男人还在过着孤寂生活的时候，那个女人还没有形成。神种下了一个园子，或称乐园。它与我们所熟悉的花园不一样（创 2:8 以下）。因为，在我们的花园里，草木是没有灵魂的。花园里有各种树木，有些开花只是为了娱乐眼睛，有些只在春天复生，有些结果子，不仅为了提供生活必需品，而且为了奢侈，为了人能享受奢侈的生活。还有些园子长出不同的果子，给野兽提供食物。但在这个神圣的园子或乐园中，所有树木都拥有灵魂或理性，会结出美德的果实。此外，洞察力和辨别力在园中绝不会失误，能够识别美丽与丑恶。园中的生活是无疾病的、不败坏的，园中的一切都具有这样的性质。

我认为，这记述应以寓意方法而不是单按字面来了解。因为，大地上从未出现过生命的树或有理智的树，今后也不会出现。不，他显然是在用园子作象征来表示灵魂里的统治能力。灵魂充满无数的意见，如无数的树木。他用生命之树来象征敬畏神这种最大的美德，灵魂藉此获得不朽。他又用能知善恶的树来表示伦理知识，这种美德占据中间地位，使我们能够区别本性互相对立的事物。

（五十五）在灵魂中建立了这些标准以后，神就像一个法官那样，观察灵魂会有什么倾向。当神看到它倾向于邪恶，藐视圣洁与畏惧（藉此人能获得不朽的生命），神把那个灵魂赶出那所园子，如我们所料定的那样，不给那个冒犯和蔑视医术的灵魂以返回乐园的希望。当然，欺骗他们的缘由也是极应受责的，这事我们不能闭口不谈。据说，古时候地生的有毒的爬虫能发出人的声音。某一天，它靠近第一个人的妻子，责备她，因为她犹豫不决、顾虑重重，不去摘那看上去最美的、滋味最好的、最有用的果子，因为吃了那果子，她就能识别善恶。据说，那个女人没有进一步思考蛇的建议，而是在一个缺乏扎实根基的理智的怂恿下，同意去吃那果子，还把一些果子给她丈夫吃。这就使他们马上脱离了朴素无邪的状态，进入邪恶。对此，天父一怒之下给他们以适当的惩罚。他们的行为应当引起愤怒，因为他们已经偏离了不朽的生命之树和美德的圆满，而他们原来是能从中获得永生和幸福的。但是，他们却选择了暂时、可朽的存在。这不是一种存在，而只是一段充满不幸的时期。

(五十六)这些记述不是诗人和诡辩者乐于做的那种神话虚构，而是使人的思想变得清晰可见的模式。凭藉寓意释经法，我们能明白那些深层的东西。根据很可能的推测，人们会说那条蛇是快乐的恰当象征。因为，第一，它是腹下无足的爬行动物；第二，它以土为食物；第三，它的牙齿有毒，会本能地杀死被咬住的东西。快乐的热爱者具备所有这些特征，因为肥胖使他身躯下坠，无力抬头；酗酒使他失足；他不食用天上的食物，亦即通过言谈和学理为沉思的爱好者提供的智慧，而食用地上四季轮回出产的东西。这些东西引起酗酒、挑剔和贪婪，这些东西引起肚腹的欲望，使之迸发、鼓胀、变成烈焰，使人变成贪食者。同时它们也会激发他的性欲，因为他用舌头舔那些食物提供者和制造蜜饯者的劳动成果。他极力扭动他的头去捕捉那些精美食物的气息和味道。一看到丰盛的餐桌，就俯伏上去，在食具中打滚，恨不得一口气吞食所有的菜肴。他的目的不是平息他的饥饿，而是吞食摆在他面前的一切，不留下任何东西。因此我们看到的无非就是那条牙齿有毒的蛇，它就是这些无节制行为的代理人和管理者。它切割、嚼咽所有能吃的东西。先是把它们送到舌头上去品尝,它是味道的鉴定者,然后就送进咽喉。无节制的饮食本质上是有害的、致命的,因为吃下去的东西没有时间消化。在吞下的美味佳肴被消化之前,它们已被排泄出去。我再重复,那条蛇据说会发出人声。这是因为,快乐雇有无数的斗士和卫士,它们会保护她、支持她。因而她大胆地说自己拥有对一切事物的至上主权,无人能逃脱她的管辖。

(五十七)确实,最初那个男人接近那个女人时有快乐在指引他们。通过快乐他们生出新的生命。他们的后代很自然地对快乐感到舒适、乐于享受,而对快乐的对立面感到忧伤。这就是为什么婴儿在诞生时要大声哭喊,好像周围无比寒冷;离开了长期居住的温暖的子宫,他突然接触到空气,来到寒冷的不习惯的地方,于是他就大吃一惊,发出哭声。这就最明白不过地表达了他的痛苦和受苦时的烦恼。还有人说,任何生灵都追逐快乐,视之为必要的而又基本的目标,而人尤甚。因为,其它生灵只通过味觉和其它生殖器官来寻求快乐,而人还用其它感官,用耳朵和眼睛去寻求所有能提供刺激的景观和声音。

还有大量的论述都赞扬快乐,说它与生灵有密切的联系和亲属关系。

(五十八)我们说过的内容已经清楚地表明为什么那条蛇会说人话。由于这个原因,我想即便在专门的律法中,当立法者写到哪些动物可吃、哪些不可吃时,他特别赞扬了“斗蛇者”(利 11:22)。这是一种爬虫,有足有腿,可以从地上蹦跳到空中,像蚱蜢一样。我认为,所谓斗蛇者无非是一个象征,代表着自制,与酗酒和快乐进行无休止的无终结的搏斗。自制格外欢迎朴实和节制,因此对一种严谨实在的生活方式来说,它是必要的;而酗酒欢迎的是浮夸和奢侈,它们使人的灵魂和肉体疲软,变得骄奢淫逸,由此产生有罪的生活,这种生活在理智正当的人看来比死亡更糟糕。

(五十九)快乐不敢冒险用诡计欺骗那个男人,而是对那个女人进行欺骗,把她作为工具去欺骗男人。这是一个有效的、恰当的看法。因为,在我们看来,理智相当于男人,感觉相当于女人。快乐首先与感官接触并把握它们,通过感官欺骗理智本身的至上权威。感官屈服于它的巫术,对它提供的东西全盘接受:视觉接受各种颜色和形状,听觉接受和谐的声音,味觉对吸入的精美的气味和芬芳的香气感到快乐。它们又把自己奉献给理性,就像仆人那样侍奉主人。它们劝诱理性不拒斥任何东西。理性因此落入陷阱,成为臣民而非统治者,成为奴隶而非主人,成为异邦人而非公民,成为有死的而非不朽的。简言之,我们一定不要忽略这个事实,快乐是一个妓女和荡妇,渴望与情人相会。她寻找拉皮条者,靠着他们使嫖客上钩。感官的行为就像拉皮条或淫荡。感官一落入陷阱,快乐要想控制理智就容易了。理智在我们身上,感官向理智报告所感受的东西并使这些东西变得清晰。它们给理智盖上各种物体的印象,在理智中产生相应的影响。理智就像蜡块,承受着通过感官而来的印象,藉此识别物质的始基。如我前述,仅靠自己它不可能做到这一点。

(六十)那些最先成为情欲奴隶的人是极为悲痛的和难以马上治愈的。他们拥有快乐支付的工钱,这就是由于那个女人的过错招致的女人分娩时的剧烈痛苦,以及贯穿生命其它阶段的持续的

苦难。这些痛苦中首先是分娩婴儿之苦、扶养他们长大之艰辛、疾病、健康问题、好运和厄运;其次,她尝到了被剥夺自由的滋味,丈夫成为她身边的权威,她必须服从丈夫的命令;而那个男人则招致辛劳之苦,必须汗流满面才得以糊口,失去了那些无需任何农作技艺就能从地上独立长出的好东西。他的生命都用于不间断的劳作,为获得食物和生资,以免饿死于饥荒。我设想,日月在创世时被造是为了让所有存在放出光芒,使之不断地遵守神的旨令,是为了把罪恶驱逐出天空的疆界;这样,大地的深厚沃土无需农作技艺的帮助,也能随着季节的变化产生丰硕的果实。但当邪恶开始获得较强的能力以后,神恩流水不断的清泉干涸了,不再给那些不配得到恩惠的人提供福泽。如果说人类已经在承受适当的惩罚,那么这种对神忘恩负义而受到的惩罚一定要靠施恩者和拥有恩惠者来赦免。由于神是仁慈的,因此他减轻了惩罚,让人类能延续,但不再像从前那样提供现成的食物,人也不能再沉迷于空闲和饱足,在犯了过错后再加上懒惰。

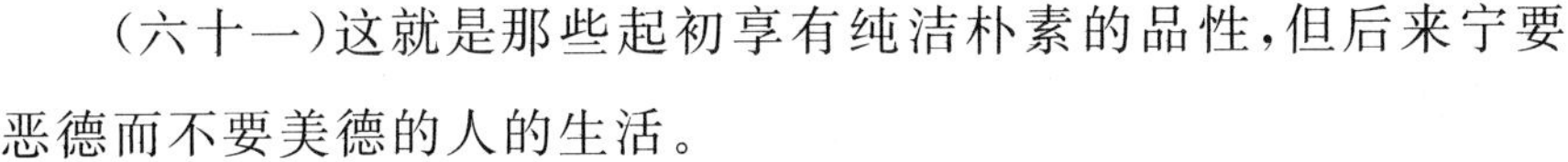

(六十一)这就是那些起初享有纯洁朴素的品性,但后来宁要恶德而不要美德的人的生活。

在上面这些我们已经讨论过的内容中,摩西关于创世的记述给我们的教导主要有五点,这五点在他涉及的所有事情中是最美好的、最优秀的。

第一,神是永恒的,来自永恒。这是针对无神论者而发的。他们对神是否永恒存在犹豫不决,怀有二心,更有人大胆地宣称神根本就不存在,说只是用神话和虚构来模糊真相。

第二,神是唯一的。这个论点与多神论者的看法相对。他们把最邪恶的政制暴民统治从地上搬到天上而不感到脸红。

第三，如上所述，这个世界是生成的。这是针对那些认为这个世界没有开端，是永恒的人而发的。这样一来神就没有什么优越性了。

第四，这个世界也像它的创造者那样是唯一的。创造者使他的作品也像他本身那样具有唯一性，他使用了所有现存的质料以造就一个整体，因为，这个世界如果不是用曾经是整体那些部分来构造的，它就不会是一个整体。有些人认为有不止一个世界存在，还有另一些人认为世界的数量无限，这些人自己确实是无限地缺乏他们应当知的知识。

第五，神也对这个世界预先作过安排和打算。因为，造物主应该关心所造事物。它们需要自然的律法和条令，为此之故，父母为子女预先作打算。

如果一个人开始用理智去学习这些事情，而不是靠道听途说，在他灵魂便得到神奇而又珍贵的真理印象。如他懂得：神是永恒的，并来自永恒；真正的神是唯一的，是神创造了这个世界，并且只创造了这一个世界；这个世界像神本身一样是唯一的；神对他的创造物事先做了精心安排，他便可以过一种幸福的神圣的生活。因为人的品性是用真理塑造的，是虔诚和神圣的力量使之形成的。

《创世记》第二、三章的意喻解释

第 一 卷

提要与分析

斐洛在1—18节*讨论了《创世记》2章1—3节，内容是天和地都造齐了。他把此处的含义解释为理智和感觉的起源，根据是希腊人的看法，数字6和7之间的对立，6代表属地的事物，7代表属天的事物。

他在《创世记》2章2节中寻找理智和感觉的起源，首先归于"理性"，然后归于"白天"，"理性"和"白天"都表示神的"理智"或"理性"。(19—21节)

《创世记》2章5节反复出现的"地"这个词被斐洛区分为两种，分别产生理智可知的东西和感官可感的东西；在降雨的时候，感官获得了感知呈现于它们的对象的能力，物质的对象不存在的时候，这种能力是不需要的，在没有这种能力的时候，也不需要使用"理智"。(22—27节)

《创世记》2章6节说的是"理智"的清泉怎样浇灌"大地的脸"，亦即感官，说明理智、感觉和感觉对象的互相依存和理智对神

* 此为希腊原文节数。——中译注(即本书页78-81，第一节至第七节。——编注)

的依赖，以及那个生灵的优越性，能摄取和抵达外在的物体。(28—30节)

讨论《创世记》2章7节的时候，斐洛把造物主用土制作的那个地上的人与那个照神的形象造成的天上的人做了对照，详细讲述了生命气息吹入给那个地上的人带来的变化。然后，他回答了四个问题。

为什么神的气息没有吹给那个属天的人，而是吹给那个属地的人？他的回答是：(一)神乐于给予，对不完善者亦如此；(二)神乐意吹气是一种积极的尽职，说它是一种责任只是因为神乐意这样做。

对“吹生气”的含义，斐洛回答说，这个词来自“激励”，神这样做的目的是为了让我们能想像到神。

为什么朝“脸”上吹生气？斐洛对这个问题的回答是：(一)脸部是感官的主要位置；(二)“脸”代表理智，理智作为神的代表对器官和感觉进行激励。这就像摩西与法老的关系。由此作者谈到神使用他的能力。最后，作者说这个理智表现的能力比宇宙理智要小(31—42节)。

接下去讨论的是《创世记》2章8节。神建立那个园子表示尘世的智慧只是上天的智慧的一个摹本。“园子”指美德，“伊甸”表示它产生的丰硕的幸福。它“朝着太阳升起的方向”，因为正义的理性或美德一旦升起就驱赶黑暗。人被安置在园子里“照管它”，也就是说，把他的整个理智给了美德。

神建立园子并不表明人可以在祭坛旁立一个园林，《申命记》16章21节已有禁令，因为(一)人不能像神那样在灵魂中种下美德;(二)园林中有某些野生树木;(三)这里要禁止的是“为自己建立”(参见摩西十诫之二)。

令人惊讶的是斐洛说《创世记》2 章 15 节提到的那个被安置在园子里的人不是 2 章 8 节中提到的那个人,而是 1 章 27 节中的那个人。只有后者才能耕种和看护美德,而前者只是从美德那里被赶走。一个人是被“造”出来的,另一个是被“塑造”出来的。2 章 8 节那个人只有理智的灵巧(用“安置在园中”来象征)。2 章 15 节那个人还有做事的持久(用“耕种”来象征)和收藏的韧性(用“看护”来表示)(43—55 节)。

《创世记》2 章 9 节讲的树是指具体的美德及它们的活动。“悦人眼目”的树指理论的美德;“好作食物”的树指实践的美德。生命之树是美德善,不是心(像医生会设想的那样)。它“在园中”。“分别善恶的树”在哪里?摩西没有告诉我们。它实际上在园中,本质上在园外;因为我们的主宰部分实际上在神的园子中接受善的印记,但由于它在接受恶,因此本质上在神的园外,正好比我们的身体可以在此处,但思想可以在别处(56—62 节)。

《创世记》2 章 10—14 节的主题是河流。四条河流指从一般的美德中流逝出来的具体美德。一般的美德之河从“园子”中流出来,这园子就是神的智慧或理性。“道”(Heads)这个词包含着美德的主权的意思,“分为”这个词表示美德的界限、范围和行动。“比逊”表示谨慎,是神的最美好的宝藏,它像金子般闪闪发光,环绕“哈腓拉”,即优美和文雅。“基训”是勇敢,环绕古实全地,“古实”表示卑劣或胆怯。“希底结”是自制,用来反对“亚述”,即指导欲望的力量。谨慎、勇敢和自制在灵魂中占据的位置与它们在身体中起作用的部位是相应的;理性、高尚的情感和欲望分别位于头、胸和腹。“伯拉河”(意思是多产)表示公正,或表示灵魂三个部分的和谐。

接下去,作者以另一种方式解释四条河,达到同样的结果。“比逊”的意思是“嘴巴的变化”,亦即从言语向行动的转化,这是谨慎的真实含义。“哈腓拉”的意思是“在阵痛中”,就像无效的愚蠢所经常表现的那样(63—76 节)。

下面讨论《创世记》2 章 12 节的八段话是关于金子和宝石的注解。谨慎是金子,仍旧是神的,斐洛把“在某处”理解为“是谁的”。“那里的金子”是一般的,与具体的金子有区别,谨慎是一种性质的善。“珍珠”和“红玛瑙”分别表示有善意和实行善德。这两块宝石或者可以说是犹大和以萨加,一个代表感恩,另一个代表高尚的行为。所以在大祭司的袍子上,按地位,犹大的名字要刻在袍上的红宝石上,以萨加的名字要刻在蓝宝石上。为什么摩西在提到蓝宝石的地方没有同时提到红宝石呢?因为赞美和感恩使人超越自身,超越尘世的一切。红色有益于犹大,蓝色有益于以萨加(77—84 节)。

接下去是关于“环绕”(创 2:11、13)的一个短注。摩西把“比逊”和“基训”说成是环绕一些国家,因为谨慎和勇敢包围并捕获愚蠢和胆怯。“希底结与亚述相对”,因为自制只能面对快乐与之抗争。“伯拉河”表示的公正既不能包围也不能对抗,只能作出裁决(85—87 节)。

在 88 节以下的段落中,我们看到,是那个属天的神“造出来的”人,而不是“塑造出来的”那个人被安置在园子中。这个纯粹的,较少物质属性的“理智”被放在“美德”(“植物”)之中实践美德(“耕种”)和记忆美德(“看护”)。

论文的其它部分讨论《创世记》2 章 16 节以下关于对亚当的禁令。

由于“亚当”这个名字不是他自己起的,它的意思是“土”,所以它指的是那个“塑造出来的属地的”人。另外,那个属天的人不需要去耕种和看护;他更不需要禁令或鼓励。

那个禁令是“主神”发出的。对主或主人的顺从为我们从“神”、“赐恩者”那里获得福益作准备。所以《创世记》3 章 23 节中的吩咐是严格的“主神”发出的。

“各种树”表示所有美德。在说吃的时候加上“随意”这个词表示精神上的咀嚼。吃表示顺从,“随意地吃”则表示内心的顺从。

第 100 节讨论的是那棵知善恶之树的位置,作者对实际的存在和本质的存在提供了一些例证来说明。

那个吩咐是对不止一个人作出的,对此所作的解释是:(一)低劣的人是大量的;(二)缺乏专心的低劣的人不是一个统一体。

论文最后提出凡人皆有之死与灵魂之死的区别,以此结尾。

(一)"天地万物都造齐了。"(创 2:1)摩西已经谈论了理智和感官的创造,接着他开始完整地阐述两者的完成。他不是说个别理智或具体感觉已经达到完满,而是说原初的理智和感官是完满的。他用象征性的语言把理智称作天,因为天是那些只有理智才能识别的事物的居所;他把感觉称作地,因为感觉的构成比较具有属地的性质,比较有形体。理智的世界[①]意味着所有无形体的只能为理智所识别的东西;而感觉的世界表示有形体的东西和感官所感受的东西。

(二)"到第七日,神造物的工已经完毕。"(创 2:2)如果有人认为这个世界是在六天之内或在某一段时间内被造出来的,那么这种看法是相当愚蠢的。为什么呢?因为每段日期都是白天与黑夜的相继,而昼夜只能由太阳在大地上下的运动所产生。但是,太阳是天空的一部分,所以要承认时间无疑比世界迟点创造。所以,正确的说法应该是,这个世界不是在时间中被造就的,时间是由这个世界产生的,天空的运动标志着时间。因此,当他说"他在第六天完成他的工"的时候,我们必须明白他在这里讲的不是天数,而是一个完善的数,亦即 6。因为,这个数是第一个与它自身的分数,二分之一、三分之一、六分之一,之和相等的数。它又可通过它的两个不等的因数相乘而产生,即 2 乘 3。看那!这样一来,数目 2

① κόσμος,等于秩序或世界,斐洛在后一种意义上使用该词。

和3就撇下了属于一的无形体的性质。二是事物的形象，可视为分开或划分存在者的结果；而3是固体的形象，因为固体容许三个层面的划分。再者，数目6与工具性的肢体提供的动物运动有联系，[①]因为由这种工具装备起来的身体天然地适宜朝六个方向移动：向前、向后、向上、向下、向左、向右。然而他想要做的是展示被造的凡俗事物，与那些按照对它们适宜的数的构成方式产生的不朽事物之间有相似性。如上所述，他使凡俗事物与数目6相应，而使那些幸福的、福佑的事物与数目7相应。

因此，首先是在第七日，在完成了凡俗事物的创造后，造物主开始塑造那些比较神圣的东西。

（三）神绝不会停止创造，就像火的性质是燃烧、雪的性质是寒冷一样，神的性质是创造；他也绝不能停止创造，因为他是一切行动的源泉。再者，摩西说的非常好，神"令至休息"，而非"休息了"；因为，神令那些实情没有运作，但看来也是创造的东西，而他本身是绝不会停止创造的。由于这个原因，他说令至"他开始的东西"休息。因为，用人的技艺制造的东西在完工后就停滞了，保持它们的原状，而用神的知识所创造的产物在完工的时候开始运动，因为它们的完工是其他事物的开端，就好比白天的终结是夜晚的开端。一个月或一年的开始也当然被视作已逝去的一段时间的界线；出生是靠其他东西的腐败而成，而腐败也是靠生育而成。有句格言道出了真理：

① 参见亚里士多德：《伦理学》（*Ethics*），iii，1、6。

万物有生必有死，
灰飞烟灭遁形踪，
新生其中。①

(四)自然以数目7为乐，因此会有七颗行星在平衡着恒星的统一运行。大熊星座因为有七颗星而呈现圆满状态，它不仅使商业产生，而且是人类友谊和统一的根源。另外，月亮按7发生变化：它是对地上事物最富同情心的一颗星体，主要通过7这个数字的支配来产生影响。确实，一切与我们凡人有关的东西都有来自天的神圣的起源，为了我们的福利，它们的运作是由7来主宰的。有谁会不知道七个月的胎儿可以分娩，而那些孕期更长些的，在子宫里待上八个月的胎儿，反而会被当作死胎来看待呢？有人说，人在其生命的头一个7年里成为理性的存在，在此期间他已经能用获得的理性能力来表达日常的名称和动作；在人的生命的第二个7年里，他有了能产生结果的能力，结果的意思是能再造与自身相同的东西，在大约14岁的时候，我们能够生育和我们一样的后代。此外，第三个7年期是人发育的终结，因为到21岁为止，人的身体都在增高，许多人把这个时期称作青春期。还有，灵魂的非理性方面由七个部分组成：五种感官、言语器官、生殖器官。身体也有七种运动：六种是机械性的，第七种是环形的。内脏也有七个：胃、心、脾、肝、肺和两个肾脏。躯体也有同样的数目：头、颈、胸、手、肚、腹和足。脸是人的最高尚部分，由七个孔组成：两眼、两耳、两

① 欧里庇德斯(Eurip)，《残篇》(*Fr.*)，839。

鼻孔、再加上嘴，共为七孔。分泌物有七种：眼泪、黏液、唾液、精液、由两个导管排出的废物，以及从全身渗出的汗液。此外，对疾病来说，患病的第七日是最关键的。妇女的月经也是延续七日。

(五)这个数目的力量也在多门技艺中表现。例如，在语法中，最优秀的或最有影响力的字母，亦即元音，有七个；在音乐中，把七弦琴称作乐器之王是完全正确的。因为众所周知，等音是旋律中使用的最高尚的音符，而七弦琴是最适宜演奏等音。发音也有七重：锐音、抑音、圆滑音、送气音、不送气音、长音和短音。七又是完全数六之后的第一个数，有点类似跟在数目一后面那种情况。而其它十以内的数，或是被别的数产生，或是参与构成十以内的其它数或十本身。七既不产生十以内的任何其它数，也不被这些数产生。据此，毕达戈拉斯学派沉迷于神话，把七看作是无母亲的或永远纯洁的处女，因为它既不是从子宫中出生的，也不会生育。*

(六)“神就在第七日歇了他的一切的工，安息了”(创2:2)。①这句话的意思相当于说，此时神停止塑造可朽的事物，开始创造那些神圣的，并与七的性质一致的东西。这句话如果要按人的性格作解释，当以七为基调的神圣理性**在灵魂中产生的时候，六与灵魂所产生的一切可朽之事物完全静止。

(七)“神赐福给第七日，定为圣日”(创2:3)。神赐予福益并进一步使处在运动中的整个世界与第七日和真正的神之光相和

* 斐洛已在《论创世》89—128处详谈7的意义。——中译注

① 《创世记》2章2节，安息的字义为“使之休息”。

** 或作“逻各斯”。——中译注

谐,两者间的密切联系是这种性质,既是有福的又是神圣的。[①] 这就是为什么他要对那些起大誓的人说,如果他发生突变或者理智被玷污,他就不再神圣了,但是“前面这些日子不算在内。”这样说完全正确。因为,非神圣的性质是无价值的,不值得计算,而值得计算的性质是神圣的。因此,他这样说是对的,神赐福给第七日并定之为圣日,“因为在这日神歇了他一切创造的工”。[②] 但为什么那按着七和完美的光来引导自身的人是有福和神圣的呢?因为凡俗事物的创造在这一日到来时停止了。事情确实如此,当最辉煌最真实神圣的美德之光渐露端倪的时候,具有相反性质的创造就停止了。但我们已经指出,神在歇工的时候并没有停止创造,而是开始创造别的事物,因为他不仅仅是个工匠,而且也是万物生成的父亲。[③]

(八)“这是一本,当它成形之时,关于天地成形的书。”(创 2:4)这个按照数目七运动的完美逻各斯是成形的根源,一方面既是那按理念而自我组成的理智之根源,另一方面又是那按理念而自我组成的(如以下一词可取的话)理智形感觉之根源。[④] 他用“书”一字来指神的逻各斯。万物的构成都在这书中*写上和打上烙

① 希腊文“εὐλογεῖν”的字义是说好话,希腊文“εὐλόγιστος”的字义是使用理性或言语时的快乐,斐洛根据这种字义上的联系导出这段话的伦理含义。

② 《创世记》2 章 3 节。“歇”这个词的严格含义是“使之停止”。

③ 斐洛在《创世记》2 章 3 节中发现了这样一种涵义,通过渗透一切的精神的运作,作为天父的神的活动是无休止的。

④ 感觉在物体范围内发挥作用。严格地说,感觉不是理智范围内或纯理智范围内的行为。

* 或译“靠这逻各斯”。——中译注

印。但你们不能设想神在某段有限的时间内造就万物，而应当懂得，对凡俗的种类来说，创造的过程是无法观察、无法描述、无法辨别的。他还说过："当它成形之时"。这里，他没有用明确的界线去限定时间，因为生成的事物是在那没有明确界限的"第一因"的支配下产生的。宇宙在六日内生成的概念也因此了结。

（九）"当日，神造天造地，又在葱绿在地出现之前创造了田野的葱绿，在草木出苗头之前创造了田野的草木，因为耶和华神还没有降雨在地上，也没有人耕地。"（创 2:4、5）在上段话里，摩西称这一日为"逻各斯"，因为他把天地的创造记述为一起造就的。靠着他自己崇高的显现和光芒万丈的逻各斯，神创造了天地，既创造了理智的理念（这是以"天"象征），又创造了感觉的理念（这是以"地"象征）。把理智的理念和感觉的理念比作两种田野，因为它们结果实，理智结出所有思维之果，感觉结出所有感受之果。他指的是这个最先的具体的个别的理智以某个根源作为它的理念，具体的感觉之先又有一个感觉的理念与之相连，作为感官所产生的感觉形式的印记。正因为如此，在理性能认识的个别对象产生之前，已有理智的种类出现，因个体在其中参与才获得其名。感官的个别对象存在之前也已有感觉的种类出现，所有感官的对象因为分有它而变得如此。所以，"田野的葱绿"实际上指"理智可知的东西"。因为，理智可知的东西在理智中生长出来，就像田野里绿色的草木生长、开花。在具体的理智可知的东西产生之前，造物主已经造就了"完全抽象的理智的种类"。对此，他正确地称之为"所有"，因为具体的理智可知的东西是部分，而不是全部。只有这个种类才是全部。

(十)“以及在田野里所有的草木生长之前”。这就是说,在感官的具体对象出现之前,造物主预先想到的“感官可感的”种类已经存在,这就是他称作“所有”的东西。他把感官可感的东西比作草木是很自然的。正如草木是供给无理智动物的食物,所以感觉之物也归于灵魂中非理性部分。不然的话,他干吗说了“田野的葱绿”之后继续说,“和所有草木”,就好像田野的葱绿不可能变成草木似的？事实上,“田野的葱绿”是“理智可知的”,是理智的产物,而“草木”是“感官可感的”,是灵魂的非理智部分的产物。

他接着又说:“因为神还没有降雨在地上,也没有人耕种”。这些话道出了他对存在物的法则有深刻的认识。因为,神若不对感知下可感对象工具的雨,理智既不会有任何东西可以用来操作,也不会着手在感觉领域劳作。如果没有万物的本因像降雨或降水雾一般倾泻,没有可见的颜色、可听的声音、可尝的滋味,以及其它对感官适用的对象,那么理智是无所作为的。而神一开始为感官而浇灌,理智也就马上成为沃土的耕作者。感官的理念不需要滋养,被形象地称为“降雨”的“感官的滋养”就是具体的感官对象。这些对象当然是物体,但理念与物体无关。这样,在创造个别具体的始基之前,神没有对摩西称作“地”的感官的原初理念降雨,这表明神没有给它提供营养,因为这个理念绝对不需要任何可感的感觉对象。

“也没有人耕种”,这几个词的含义是理智的原始理念中没有用于感官的理念。因为,我的理智也像你们的一样通过感觉的对象产生感觉,但是理智的原始理念,由于当然没有与之相适应的具体物体存在,所以并不产生感觉的原始理念。它若要产生,就要凭藉感觉的对象来产生，但在原始理念中，并没有感觉对象这类东西。

（十一）“但有清泉从地上腾，滋润遍地。”（创 2:6）摩西很自然地把理智称作大地的“清泉”，称感官为它的“脸”。因为自然事先构想了万物，把这个部分确定为最适宜物体特殊活动的部位。理智像清泉浇灌着感官，给它们送去适当的溪流。然后，看那，就像锁链上的环节，生灵的力量互相联结：理智、感官以及处于第三位的感官的对象。感官处在中间，而理智和感官的对象处于两端。但既然理智没有力量在运作亦即以感官的方式发出它的能量，除非神遣送感官的对象就像对它下雨一样，亦非有任何福益从感官的对象中派生，除非理智像一道清泉，在降雨的时候伸展自身抵达感官，使它从宁静变为骚动以把握呈现于它的对象。这样，理智和感官的对象总是在产生一种循环的给予，一个准备好把感觉作为它的质料，而另一个像个工匠，朝着外在物体的方向推动感官，产生一种冲动。因为生物在两方面优于非生物：生物可以接受印记，又可对物体发出主动的冲动。印记的产生是外来物体被拉近后，它能通过感官给理智打上印记，而与这种力量密切相关的主动的冲动来自理智自我延伸的力量。它通过感觉而发挥作用，并由此与呈现于它的对象接触，朝着它进发，努力抵达它和捕获它。

（十二）“神用地上的尘土造人，将生气吹在他鼻孔里，他就成了有灵的活人”（创 2:7）。人有两种：一种是属天的人，一种是属地的人。属天的人是按照神的形象造成的，与可朽的和地上的始基无关；属地的人是由散布在各处的物质组成，他称这些物质为“尘土”。由于这个原因，他说，属天的人不是塑造成的，但烙有神的形象的印记，而属地的人是造物主塑造的作品，但不是神的后代。我们必须认为这个用土造出来的人，是理智与肉体混合，但却还没有完全溶化成一块。这种尘世的理智，如果神没有将真生命气息的力量吹入实际上也是可朽的。当神这样做的时候，那人便不再是一件塑造品，而是变成一个灵魂。这个灵魂不是无能和有缺陷的，而是有理智和真活的；因为他说："那人就成了一个活的灵魂。"

（十三）可以提出一些这样的问题：为什么神会认为值得向这个凡俗的、爱恋肉体的理智吹入神圣的生气，而不是向那根据神自己的形象创造的理智吹入生气？第二，"吹生气"的含义是什么？第三，为什么将生气吹在脸部？第四，他说"神的灵在水面上诞生"（创 1:2），这表明他懂得"灵"这个词的意思，但为什么他现在要说"生气"而不是"灵"？回答第一点疑问，首先我要说的是神乐意给予，乐意把好东西赐给所有那些哪怕是不完善的事物，同时鼓励它们追求美德，参与美德。神通过展示自身丰盛的财富来表现这一点，即使对那些不会因而派生重大福益的东西也有充足的赐予。神在其它场合也清楚地显示这个特点。他在海上下雨，让清泉从沙漠深处涌出，泉水满溢形成河流以浇灌贫瘠荒芜的不毛之地，还有什么能比这更清楚地证明，神从不吝惜自己极为丰盛的财富和福益呢？这就是为什么他创造的灵魂不会缺乏美德，即使有些灵魂不可能去实行美德。

其次我要说的是，神愿意顺从积极的尽职律令。当然，那没有吸入真正的生命、没有体验过美德的人，在因其过犯而受罚时会说这种惩罚是不公正的，因为他没有体验到善，因而他在善行上有

误，应当受责罚的是神，因为神没有把善的任何概念吹入他。他甚至可能会说他根本无罪，因如某些人所说，非自愿或不自觉的行为不应算为错误。

我们注意到，“吹入”相当于“吹入灵气”* 或“使无灵的变成有灵的”；因为神禁止我们受那种极为愚蠢的说法的影响，以为神使用了嘴或鼻孔这样的呼吸器官；神不但不具有人的形象，而且也不属于任何物类。然而这个说法也清楚地道出某些与自然一致的东西，因为它意味着三样必要的东西：吹者、承受者和被吹者。神是吹气者，承受者是理智，被吹者是灵或生气。我们从这三个前提中能推导出什么来呢？神投射出这种能力，它起于神自身，通过吹入生气的中介抵达承受者，因此三者是统一的。我们由此可以获得关于神的概念。除此之外，这事还能有什么目的呢？若非神对灵魂吹入生气以把握它，灵魂怎么能够想像到神呢？若非神本身把理智提升到自己身边来，人的理智绝不会冒险攀高去把握神的本性，只有吹入了生气，人的理智才可能被提升，人的理智才能被打上那种能力的印记，而那种能力是处在人可以理解的范围内的。

那吹在脸部的气息既可作生理方面的理解，又可作道德方面的理解。从生理上来说，感官是设在脸部，而脸部是比身体所有其他部位更具灵气。从伦理上来说，就像脸部是身体的主要部分一样，理智也是灵魂的主要部分。神只对这个部分吹气，因为他认为对别的部分吹气是不合适的，无论是对感觉，还是对说话的器官或

* 希腊文 εμπνειν，由 ευ(入)和 πυειυ(吹风或呼吸)组合而成，而 πυειυ 又与 πυενμα(灵或圣灵)关联。——中译注

生殖器官。它们的能力属于第二等。那么,它们也能接受灵气吗?显然是依靠理智。理智把从神那里接受来的东西传递到灵魂中那些没有理性的部分,让它们分享。因此,神把灵赋予理智,而理智则把灵赋予非理性部分。这样说来,理智就是非理性部分的神。他也曾以同样的方式毫不犹豫地说摩西是“法老的神”(出 7:1)。某些东西成形要依靠神的能力,也要通过神的运作;而另一些东西成形只需依靠神的力量,而不需通过神的运作。产生最优秀的东西既要依靠神,也要通过神。例如,他马上就说:“神立了一个园子”(创 2:8)。理智属于这一类。而无理性的部分是由神的力量造成的,但无需通过神的运作,它们通过的是理智中把握和主宰灵魂的理性力量。

他使用“气息”这个词,而不是“灵”,* 这意味着两者之间有区别。因为“灵”意味力量、活力和能力,而“气息”就像是空气或平和温柔的雾。依照形象或原型造出来的理智可以说分有“灵”,因为它的理性能力拥有强健的活力;但从物质中造出来的理智必定分有轻薄的始基那样的气。它就像香料散发气味那样在蒸发,香料只要存放在那里,即使没有焚烧,也一直会有甜甜的香味散发出来。

(十四)“神在伊甸太阳升起的方向立了一个园子,把所造的人安置在那里”(创 2:8)。在用多字的形容之下,我们可知,崇高和属天的智慧有许多名称,如“开端”、“形象”、“神的显圣”等等。现在他通过神立园子指明,属地的智慧只是它的原型的一个摹本。

---

* 这里气息(pnoe)和灵(pneuma)其实是近义词。——中译注

如果从人的理智出发去想像神在耕种土地和立园子，那么这种想法是极不虔敬的。我们马上会感到困惑，神出于什么动机要做这些事？既不会是为了他自身的愉快而做这些事来恢复精力，也不会是为了舒适。别让诸如此类的神话进入我们的理智，因为即使整个世界都不是神建造他的住所的适当地点。神就是他自己的住所，他为自身所填充，他本身是自足的。所有其它事物都含有缺乏、贫困和虚空，但神不被其它事物包含，因为神本身是一，是全部。

因此，神是在为可朽的种类耕种属世的美德，它是属天的美德的摹本和复制品。神怜悯我们人类，看到人类充满疾病，因此他使属世的美德植下根来，救助患病的灵魂。如我前述，它是属天的美德原型的摹本，摩西给这原型起过很多名称。美德被形象地称作"园子"，这伊甸园的位置也被专门确定下来。"伊甸"这个词意味着"丰饶"。美德与和平、福益和欢乐协调，而真正的丰饶由这些东西组成。此外，所立的园子朝着太阳升起的方向，因为正确的理性既不坠落也不熄灭，它的本性是不断增长，我认为这就好比是太阳升起填补着黑暗的天空。美德也是这样，它在灵魂中升起，照亮灵魂的昏暗之处，驱散它的黑暗。他说："神把所造的人安置在那里"。由于神是善的，他要训练我们人类把追求美德作为最恰当的行为，所以，他显然是为了这一目的而把理智安置在美德之中。让它做一个好园丁，必须只关注美德而非其它。

（十五）现在有人会问，既然摹仿神的作品是虔诚的行为，那么为什么神可以立园子，而我却不能在祭坛旁立一个园子呢？因为经上说过，"你不可为自己立园子，也不可在坛旁栽什么树木"（申

16:21)。对此我们又该怎样解释呢?该这样解释:神在灵魂中建立美德,但理智表明它心目中没有神,而是充满自爱,把自己等同于神。理智的本分是被动的,它却当自己是主动者。所以当神在灵魂中栽种高尚品德时,理智却说“我栽种”,这是一种不虔敬的罪恶。神要栽种时,你不应栽种。如果你确实想要在灵魂中栽种,噢,理智呀,你只能栽种结果实的植物,而不要立一个园林。因为,园林中既有野生树木,也有果树。在灵魂中栽下贫瘠的恶的树木去和结果实的美德之树相伴,就像是再度生长的麻风,就像不协调的颜色混杂在一起。如果你已经把异质的、不能混杂的东西放在一起,那么就把它们分开,与纯洁的、结果实的、不玷污的东西区别开来,免得玷污神。由供奉牺牲的祭坛来表示的正是这样一种东西。如说任何东西都是灵魂的独立作品都是悖理的,因为没有任何一样东西是与神无关的。这种说法把贫瘠不育与结果实混为一谈,这是一种玷污,而只有不玷污的东西可以献给神。噢,理智,你若违反任何一个方面,都会伤及自身,而不会伤及神,那就是为什么圣经上要说“你不可为自己栽种”的原因。对神来说,他不需要这样的耕作,更不必说栽种坏东西。经上又说:“你不可为自己造”。在另一处也说:“你们不可作什么金银的神像与我相配,不可为自己作金银的神像”(出 20:23)。有些人认为神属于某种原型,或认为神不是一,或认为神不是无起源的和不朽的,或认为神不是不能变化,他们都是错认了自己,而不是错认了神。因为经上说“你不可为自己造”。我们必须认为神不属于任何原型,神是一,是不朽,是不变。不这样看的人,他的灵魂受到了虚假的无神论观点的传染。难道你没有看到,即使到了神把我们带入美德,而我们也已经进入美德，我们栽种的不是不结果实的东西，而是每棵树都“适宜作食物”的时候，他仍旧责令我们要“彻底洁净它的玷污”吗？（利 19:23）这表明，我们栽种的是观念，因他要求的是我们要修剪自傲，而自傲的本性是不洁的。

（十六）经文此处谈到那个神塑造的人时只说神“把他安置在园中”。经文稍后处说，“神主把他所造的人安置在园中，使他耕耘看护”（创 2:15），这里说的人又是谁呢？这里说的似乎是另外一个人，是根据形象和原型造出来的人。因此，可见共有两个人被带进园中，一是被塑造的人，另一是根据形象而造的人。那根据形象而造的人的活动不仅是栽种美德，而且也是美德的耕种者和护卫者，这意味着他要认真留意他在训练中所听到的和所练习的东西。但那个被塑造的人既不耕种美德又不护卫美德，而只是被神的丰裕的恩惠置于真理之前，然后马上就流放至美德境外。由于这个原因，在描写神只将他安置在园中的那个人时，摩西用了“被塑造的”这个词，而描写那个被赋予修理看护之责的人，摩西不仅说他是“被塑造的”，而且说他是“神所造的”；一个是神接受的，另一个是神遗弃的。神授予他所接受的人三项礼物，就是：理智的灵巧、做事的持久和护卫的韧性。理智的灵巧就是“安置在园中”，做事的持久就是实施高尚的行为，护卫的韧性就是守护和维持神圣训诫的记忆。“被塑造的”理智既不能保持美德，也不能实施高尚的行为，只有理解这些高尚行为的灵巧，除此之外没有别的。于是，被安置在园中之后不久，他就逃跑了，并被神遗弃了。

（十七）“神使各样的树从地里长出来，可以悦人的眼目，其上的果子好作食物，园子当中又有生命树和分别善恶的树”（创 2:

9)。他此处提到神在灵魂中种下了美德之树。它们是几种个别的美德，指相应的活动、道德上的完全胜利，以及哲学上称作本分或共同义务的东西。这些就是园中的树木。他用这些树木作象征，善的东西是最美的、最悦人眼目的。有些技艺和科学确实是理论的，但不是实用的，比如数学和天文学；有些是实用的，但不是理论的，例如木匠和铜匠的技艺，和所有可称作机械的。但是，美德既是理论的又是实用的，因为它显然与理论有关。哲学是导向美德的通道，它的三个部分与美德相关联：逻辑学、伦理学和物理学。美德也与行为有关，因为美德就是整个人生的技艺，而人的生活包括人的所有行为。当美德与理论和实践相关联时，它在各个方面就极为优秀。因为，关于美德的理论确实是完美的，而实施美德和操行美德是对努力追求美德者的奖赏。因此摩西说，它既是"美的悦人眼目的"，这是表示它的理论方面；又是"好作食物的"，这是在指出美德在实践和操行中是优秀的。

（十八）现在，生命树是最综合意义上的美德，有些人把它说成是善。具体的美德从它那里派生出来。这就是为什么它也被放在园子中间，占据一个中心位置，使它可以像个国王似的受到各方侍卫的保护。但也有人说生命树就是人的心，因为它是生命的根源，自然地被安放在身体的中心位置，因他们认为人心乃是最具霸权的。这些人应当记住，他们所提出的观点具有物理学的价值，但没有哲学的价值；而我们在前面已经提到，最综合的美德被称作生命树。因此，他把生命树说成是位于园子中心，但在提到另外那棵分别善恶的树的时候，他没有说清它是在园内还是在园外，在说了"和分别善恶的树"这几个字以后他马上就停顿了，没有说明它在什么地方。他的沉默在于他想要防止那些对自然哲学一无所知的人疑心那个地方是知识的处所。那么它在什么地方呢？这棵树既在园内又在园外。在本质*的层面来看，它在园内；但在潜能**的层面来看它在园外。为什么会这样呢？我们的主宰部分是感受一切的，像一块蜡，承受所有美和丑的印象；那个取代者雅各也承认："这些事都归到我身上了"（创 42:36）。同样，宇宙万物的无数印象都归到灵魂上。当它承受完善美德的印记，它就成为生命树，当它承受恶德时，它就成为知善恶的知识树。但是罪恶已从神圣的歌唱队中被驱逐。① 因此，一方面我们实际上已经认为这个主宰部分在园中，因为它拥有那属于园子的美德的印记；另一方面，它实际上又不在园中，因为恶德的印记与那神圣的日升的地方不相容。理智可以这样理解我的意思。此刻我的主宰部分位于我的身体中，如果它此时在思考某个国家，那在潜能方面来看在意大利或西西里，如果它在思考天，它从潜能方面来看在天上。同理，这种事情也经常发生在下列场合。那些从本质方面来看位于世俗之地的人，如果他们建立起与美德相连的形象，他们在潜能上是神圣的。反之，那些位于圣地的人，如果他们的理智在接受恶的印象，趋向无价值的东西，那么他们在潜能上是玷污的。这样罪恶既在园中，又不在园中，因为它从本质来说在园中，但从潜能来说不在园中。

（十九）"有河从伊甸流出来滋润那园子，从那里分为四道：第

* 本质即 ousia。——中译注

** 潜能即 dynamis。——中译注

① 参阅柏拉图，《斐德诺篇》，同前，247A。

一道名叫比逊，就是环绕哈腓拉全地的。在那里有金子，并且那地里的金子是好的；在那里又有珍珠和玛瑙。第二条河叫基训，就是环绕古实全地的。第三道河叫希底结，流在亚述的东边。第四道河就是伯拉河”。* 这样说的目的是用这些河来表示具体的美德。这些美德有四种：[①]谨慎、自制、勇敢和公正。这四条河从一条最大的河中流出，这条河就是最综合的美德，我们称之为“善”。四种美德就是四条支流。最综合的美德从伊甸园，即神的智慧中流出，充满欢乐、光明、喜悦和荣耀，为它自己只依靠神——它的父亲而感到自豪。具体的美德有四种，最综合的美德派生出这些具体的美德，它们像河流那样浇灌着丰硕的成果，伴随着高尚的行为滚滚流淌。让我们也来看看那些具体用语。经上说：“有河从伊甸流出来滋润那园子”。“河”指的是最综合的美德——善。它从伊甸流出来。伊甸就是神的智慧，就是神的逻各斯，最综合的美德就是照着神的逻各斯生成的。最综合的美德滋润那园子，也就是说，它浇灌着具体的美德。摩西不是在方位的意义上而是在主权的意义上使用“道”这个词。因为每种美德都确实是主权，是一位女王。“分为”相当于“分界”。谨慎对那些已经做了的事划定界线；勇气对那些要忍受的事情划定界线；自制对那些被选择的事情划定界线；公正对那些被奖赏的事情划定界线。

（二十）“第一道名叫比逊，就是环绕哈腓那全地的。在那里有

---

* 《创世记》2 章 10—14 节。古实又译作埃塞俄比亚，希底结又译作底格里斯，伯拉河又译作幼发拉底河。中译本采用《圣经》和合本译名。——译注

① 这四种主要美德的说法当然属于柏拉图主义，尽管后来的哲学家也采用这种说法。

金子，并且那地的金子是好的；在那里又有珍珠和红玛瑙”。四美德之一是谨慎，被称作“比逊”。因为谨慎就是“有节制”，监督灵魂，使之不作恶。它环绕哈腓拉全地，这就是说，它温和地抚育照料着优美和文雅的气质。在所有可熔炼的金属中，金子被公认为是最优秀的。同样，在灵魂拥有的美德中，谨慎是最被人们认可的。“在那里有金子”这几个字不仅表示地点，而且也表示神是那里的宝库。甚至谨慎也像金子般闪闪发光，它经过烈火的熔炼，非常珍贵。谨慎被人认为是神的最优秀的宝藏。与谨慎的处所相对应有两样具体的东西：一是那个谨慎的人，另一是实施谨慎的人。他把他们比作珍珠和红玛瑙。

（二十一）“第二道河名叫基训，就是环绕古实全地的。”这条河以寓语代表勇敢，因为基训这个词的字义是“胸膛”或“碰撞”。两者都有勇敢的意思，因为，勇敢的处所在人的胸部，心脏也在这里，是完全装备起来用于自卫的。所谓勇敢就是关于必须忍受的、不必忍受的和介于两者间的事情的知识。[①] 它包围和攻打古实全地。“古实”这个名称有人解释为“卑劣”。胆怯是一种卑劣；而勇敢则是卑劣和胆怯的对手。

“第三道河名叫希底结，流在亚述的东边”。第三种美德是自制。人们认为它与快乐为敌，能够指引人摆脱软弱。因为在希腊语中“亚述”的意思是“指导”。摩西还把欲望比作老虎，老虎是最难驯服的野兽；欲望要用自制来克服。[*]

---

① 这个关于勇敢的定义是斯多亚学派的。

* 老虎的希腊文是 tigris，希底结河（底格里斯河）的名称也是 tigris。——中译注

（二十二）值得查考的是，为什么在这里把勇敢放在第二位、把自制放在第三位，而把谨慎放在首位？为什么他没有提出其它不同的美德序列？必须看到，我们的灵魂有三重：一重是理性，一重是情感，还有一重是欲望。我们发现，头部是理性的位置和处所，胸部是情感的处所，腹部是欲望的处所，各有一种美德与之相连。谨慎相对于理性部分，因为谨慎就是那种关于我们该做什么和不该做什么的知识；勇敢相对于情感部分；自制相对于欲望部分，我们依靠自我节制来克服我们的欲望。头部是人最先最高的部分，胸部是第二位的，腹部是第三位的。灵魂也是这样，理性能力处于首位，情感处于第二位，欲望处在第三位。美德亦如此，谨慎处于首位，它在灵魂的第一部分活动，控制理智，位于身体的第一部分，亦即头部；第二位是勇敢，在情感范围内活动，在灵魂的第二部分据有处所，位于身体的相应部分，亦即胸部；第三位是自制，它起作用的区域是腹部，腹部当然是身体的第三部分，欲望的能力的位置被规定在灵魂的第三部分。

（二十三）他说："第四条河是伯拉河"。"伯拉"的意思是"多产"，象征着第四种美德"公正"。公正确实是多产的美德，它给理智带来快乐。那么，它在什么时候出现呢？在灵魂的三个部分和谐的时候。和谐对它们来说就是优越当主权。例如，当灵魂的两个部分：情感和欲望，像马匹由驭手驾御那样由理性能力来指引的时候，公正就出现了。因为，让优秀者在各时各处实行统治、低劣者被统治，这就是公正。理性能力是比较优秀的，欲望和情感是比较低劣的。反之，每当高尚的情感和欲望变得倔强而难以控制，用它们的冲动力量牵扯着驭手，即理性，把它从驭手的位置上拉下来置于轭下，而由情欲来执掌缰绳的时候，不公正就占据上风了。这种情况的发生只能归罪于驭手的拙劣技能，他把整个队伍引上了悬崖峭壁，需要有经验和技艺的驭手才能把它引向安全之地。[①]

（二十四）现在让我们继续按下面这种方式来讨论这个主题。“比逊”表示“嘴巴的变化”，“哈腓拉”表示“产妇的阵痛”；因此它们的含义显然是“谨慎”。很多人佩服那些诡辩者，他们在争论的时候非常能干，能谨慎地发表自己的意见。而摩西知道，这些人确实热爱发表言论，但绝不是谨慎的人。因为谨慎可以在“嘴巴的变化”，[②]亦即在发生转换的言语中被识别出来。这也就等于说，谨慎不表现在言语中，而表现在行动和诚实的行为中。谨慎用一道围墙环绕哈腓拉，或“处在阵痛中的愚蠢”，包围它，推翻它。产妇的阵痛是愚蠢的极为恰当的名称，因为愚蠢的理智恋慕着力不能及的事情，永远处在阵痛的折磨之中。当它迷恋金钱、荣耀、快乐或其它时，就是这种情况。但是，尽管它处在产妇的阵痛中，却绝不会有生育，因为卑鄙者的本性没有生育的能力。它想要生育，但却会转变为不幸的流产或小产，胎儿肉已半烂，这相当于灵魂死亡。同样，亚伦，即神圣的逻各斯，求摩西说，让神的慈爱来治愈米利暗的疾病，让她的灵魂可以不处于罪恶和产妇的阵痛中，所以他说：“求你不要使她像那出母腹，肉已半烂的死胎”（民 12:12）。

（二十五）经上说：“在那里有金子”（创 2:11）。这里的意思不仅是金子“在那里”，而且是“在神那里，金子是他的”。因为他把谨

① 参阅柏拉图，《斐德诺篇》，同前，253D。

② 即从理论的范围转移到实践的范围。

慎比作金子，一种不混杂的、纯粹的、由火洗练的、珍贵的基质。谨慎在那里处在神的智慧之中，它在那里，不是智慧的占有物，而就是它，就是智慧本身。神创造了它，使它成为他的。“那地的金子是好的”，“那么，还有其它不好的金了吗?”是的，确实如此，因为谨慎有两种:一种是综合的，一种是个别的。我的谨慎是个别的、是不好的。当我死亡时，它也随我一同死亡。但是综合的谨慎是好的。它的处所在神的智慧中、在神的居所。它本身是不死的，因为它处在一个不灭的居所。

(二十六)“在那里又有珍珠和红玛瑙”(创 2:11)。珍珠和红玛瑙用来表示善的两个具体表现，指拥有善意的人和实行善德的人。前者的决定性因素是潜在的善意，后者是实行了的善德。因为善有这些具体表现，所以神在那属地的人身上种下善意(个别的)和善德(一般的)。因为，理性活动如果不准备欢迎善，不接受善的印记，那么在美德中还有什么福益可言呢?所以很自然地，在有善意之处就有拥有善意之人和实行善德的人，它们是两种宝石。犹大和以萨加似乎就是这两种人。一种是按神的实际智慧去实行，对神感恩的人，神赐予无限的善，而另一种从事高尚的有价值的工作。因此，犹大代表赞美神的人，利亚生下他后才停止生育(创 29:35)，而以萨加代表从事高尚、有价值工作的人，“因他埋头苦干，成了耕耘者”(创 45:15)。摩西在谈到他的时候说，他的灵魂中种有“奖赏”。① 也就是说，他的劳作并非枉然，神使之圆满，

① 《创世记》30 章 18 节。“犹大”这个词从动词“感谢”中派生出来；“以萨加”从名词“价值”中派生而来。对神的善谢恩是最高的美德，利亚生下犹大后才停止生育象征着这一点。这是海涅曼(Heinemann)的解释。

他会得到酬报。他在别处谈到那些可敬的长老时也涉及这一点。他在谈论大祭司的袍子时说:“要在上面镶宝石四行:第一行是红宝石,红碧玺,红玉”。刻上流便、西缅、利米三人的名字。“第二行是红宝石和蓝宝石”(出 28:17、18)。蓝萤石是一种蓝宝石。犹大的名字被刻在红宝石上,因为他位列第四。以萨加的名字被刻在蓝宝石上。

那么为什么他在提到“蓝宝石”的地方没有同时提到“红宝石”呢?[①] 因为“犹大”的气质倾向于感恩,这种气质与身体和物体无关。这个词在表示感恩时,确实生动地刻画了那种引导人脱离自身的感谢。理智脱离本身,把自己奉献给神,如以撒或“欢笑者”所为,每当这种时候,它在谢恩时就趋向于那唯一的存在者。但若理智以为自己是一切事物的创造者,那它就远离正道。为神保留地位,对神谢恩。我们必须看到,谢恩本身不是灵魂使之产生的,而是给予灵魂“谢恩”的神的运作。[②] 犹大在谢恩时确实是不朽的,但对以萨加来说,他已经在辛勤地劳作,因此相应地也就需要一个物质的肉体。因为如果没有眼睛,他再努力也无法阅读;如果没有耳朵,他又怎能听到鼓励的话呢?如果没有肠胃和良好的消化过程,他又怎能吃喝呢?这就是他也被比作宝石的原因。是的,只是颜色不同。红宝石的色彩属于那些谢恩的人,因为他们在对神谢恩时,被火所充满,具有一种清醒的陶醉。而对那些仍在辛勤劳作的人来说,蓝宝石的色彩是恰当的,因为正在练习和训练的人脸色

① 亦即在《创世记》2 章 12 节处。

② “使之产生”相当于“给予”,参阅《奥德修记》(*Odyssey*),iv. 12、XV. 26。

是苍白的，既因为劳作之艰辛，也因为他们担忧自己的愿望不能达成。

（二十七）我们还要进一步查考，为什么经上要说比逊和基训这两条河环绕某国，一条环绕哈腓拉，另一条环绕古实，而在提到其它河流时不这样？关于希底结，经上说它与亚述相对；而关于伯拉河，经上没有说它与任何国家相对。然而实际上伯拉河环绕许多国家，也与许多国家相对。由此可见这段话的主题不是河流，而是改善品德。我们必须看到，谨慎和勇敢能构筑围墙包围相反的恶德，即愚蠢和胆怯；也能捕获它们，因为它们都是虚弱的，易于捕获的。愚蠢者容易被谨慎者捕获，胆怯者任凭勇敢者摆布。自制则相反，它无力去包围欲望和快乐，它们难以被自制打倒和降服。你们难道没有看到，即使是最能自制的人也被迫屈服于饮食之类的凡人的欲望吗？从滋味中得到的快乐就是在饮食中产生的。所以，我们必须赞同对欲望和贪欲作斗争，把它作为一项原则。这就是为什么希底结河与亚述相对，亦即自制与快乐相对抗的原因。然而，公正，伯拉河所表示的德性，既不用岩壁围困任何国家，也不抵抗任何进犯。为什么？因为它的功能是给每个人规定他该得的一份。[1] 它所起的作用不是原告，也不是被告，而是法官。正如法官的事务不是去征服任何人，更不是发动战争去反对他们，而是作出审判，奖赏公正者。所以，公正不是任何人的敌人，而是按各事赏善罚恶。

（二十八）“主神将那人安置在园中，使他修理看护”（创 2：

① 这是斯多亚学派给公正下的定义。

15)。如前所述,“被创造的人”与“照此塑造出来的人”是不同的。“照此塑造出来的人”指那个属地的理智;而那个“被创造的人”却是用非物质、非可朽的材料造成。神赋予这个人一种比较纯洁的气质。后来,神不愿让这个纯洁的理智离开自己,就把它安置在有根基能生长的美德之中,让它耕耘看护美德。许多人在实行美德后都会发生变化,但神赋予这个拥有神所提供的确定知识的人双重便利,既让他修行美德,又让他永远培植和看护各种美德,绝不与美德脱离。所以,“耕耘”表示实践,而“看护”表示牢记。

(二十九)“主神吩咐亚当说:园中各样树上的果子,你可以随意吃;只是分别善恶树上的果子,你不可吃,因为你吃的日子必定死。”①

在这里,我们必须提问,神所命令亚当的是什么?亚当是谁?因为在此之前没有提到过亚当的名字,此处是第一次。亚当可能就是前面提到的那个被塑造出来的人的名字。他说“把他叫做土”,* 所以当你听到“亚当”这个词的时候,你必须明白这就是那个属地、可朽的理智。因为那个按照形象创造出来的理智不是属地的而是属天的。我们还必须追问,为什么亚当给所有其它活物起名,但没有给自己起名?这个问题我们该怎么回答呢?我们每个人的理智能理解别的东西,但却不能理解自己,就好比眼睛能看到别的东西,但不能看见自己。所以,理智能理解别的对象,但不能认识它自己。它能说出它自己是什么,属于什么种类吗?它能

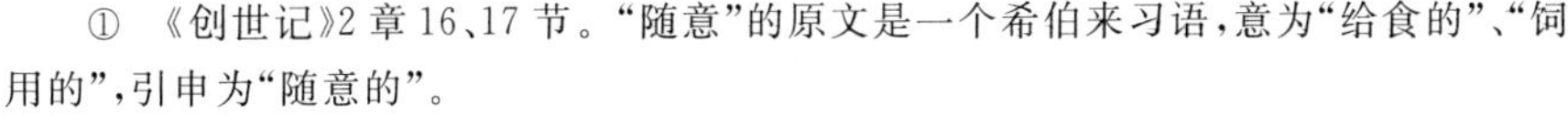

① 《创世记》2章16、17节。“随意”的原文是一个希伯来习语,意为“给食的”、“饲用的”,引申为“随意的”。

* 因为“亚当”的字义就是土。——中译注

肯定自己是呼吸、血、火、气或是别的什么东西吗？它甚至无法说出它自己是不是一个形体，也无法说出自己是否不朽。这样查考神的基质的人，不就是傻瓜吗？因为，那些不能认识自己理智基质的人怎么会有关于宇宙灵魂的准确观念呢？而神可以被理解为宇宙灵魂。

（三十）因此亚当，那个理智，尽管给别的东西命名和识别它们，但理所当然地没有给自己起名，因为他不知道自己的性质。神把命令给予这个理智，而不是给予那个按照神的形象和根据原初理念创造的人。因为后者，即使并不迫切需要，也生来拥有美德；而前者离开训导，就不能拥有智慧。责诫、禁令、伴随着鼓励的诫命，这三者之间是有区别的。禁令涉及恶行，适用于恶人；责诫涉及那些能正确行事的人的职责；鼓励适用于那些属中间状态的不好不坏的人。因为这种人没有犯罪，用不着任何人去给他下禁令。但他们也没有按正确的理性要求去做事，所以他们需要鼓励，用鼓励去教会他们戒除罪恶，激励他们高尚地行事。对那按神的形象造就的完善的人没有必要给予责诫、禁令或鼓励。完善的人不需要它们。恶人需要责诫和禁令，儿童需要鼓励和教导。这就好比完全掌握音乐或文字的大师不需要关于这些技艺的说明，而那些缺乏技艺的人会感到困惑，无力去把握它们，这些人确实需要那些我们可以称之为法则或规则的东西，以及有关这些技艺的责诫和禁令。初学者总是需要教导的。很自然地，神确实在我们之先把诫命和鼓励给予那个不好不坏的、中间状态的属地之人。"主"和"神"这两个神圣的称号被用来强调这种鼓励。经上说"主神命令他"，也就是说，他必须服从劝诫才能被神视他与恩典相配；而他若

反叛，就会从主那里被驱逐，主对他拥有主权。同样也是由于这个原因，当他被神从园中逐出时，圣书的作者用了同样的称号。他说："主神便打发他出园去，耕种他所自出之土"(创 3:23)。这表明，作为"主人"和作为恩人的"神"发出了诫命，神以这两种资格对违抗主人和恩人的人作出惩罚。他用敦促那人服从的力量去驱逐那不服从的人。

(三十一)神作出的吩咐是这样的："园中各样树上的果子，你可以随意吃"(创 2:16)。他推动那个人的灵魂去获得福益，不是从一棵树上，或从一种美德中，而是从所有美德中。因为，吃象征着滋养灵魂，灵魂通过获得高尚的事物和正确地行事得到滋养。他不仅说"可以吃"，而且说可以"随意吃"，亦即咀嚼营养物。不是像普通人那样吃，而是像运动员那样吃，从中可以获得气力。因为，众所周知，教练对运动员的吩咐不是囫囵吞枣，而是细嚼慢咽，以便使他们长得强健。运动员和我取食的目的不一。在我只是为了维持生命，而运动员则进一步为了长成强健的身体。所以，细嚼慢咽食物是训练的一个要点。这就是"你们可以随意吃"的意思。

让我们尝试着更加准确地表达它的含义。孝敬父母是"可吃的"和"有营养的"美德。但是，孝子和逆子对父母的态度不同。后者只是按习俗办事，他们不是"随意吃"，而是简单地吃。那么，子女有"随意吃"的时候吗？他们在仔细探求孝敬父母的原因以后，认定这种行为是高尚，此后他们的吃是随意的。这个原因是：父母生育我们，哺养我们，教育我们，把所有好东西留给我们。崇敬那存在的唯一者这种美德也是"可吃的"。这种表现是"随意的"，如果我们去仔细探讨这个观念和了解它的原因。[①]

（三十二）“只是分别善恶树上的果子，你不可吃”（创 2:17）。这棵树不在园中。因为神吩咐他们吃园中的各样树上的果子，但不可吃这棵树上的果子，因此这棵树显然不在园中。我在前面作过解释，之所以如此是很自然的。它在园中，但从本质上看，它不在那里，但从潜能上看，如上所述，它在那里。这就好比蜡块潜能上留有印记，但本质上看，只有那个造与这些印记的原物。同样，灵魂的性质就像蜡块；它包容所有的类型，但它没有进行真正的制作。而那个在蜡块上留下印记的唯一者在起作用，只要没有其它的印章用更清晰更鲜红的印痕去覆盖，印记就不会被抹去。

然而，我们还要进一步提出另外一个问题。当神吩咐可以吃园中各样树上的果子时，他是对一个人说的；但当它发出禁令不能吃那能知善恶的树上的果子时，他是对不止一个人说的。在前一种情况下他说，“你可以吃园中各样树上的果子”；但在后一种情况下，他说，“你们不可以吃，在你们吃的日子”，而不是说“你吃”。他说“你们必定死”，而不是说“你必定死。”我们必须首先说，在那原初之处，善是单一的，而恶是众多的。因此，当时要找到一个智者都是困难的，而低劣的人不计其数。所以，神恰当地吩咐一个人在美德中寻找营养，而责令众人远离恶行，因为作恶的是众人。还有，获取和实践美德必须具备一样东西，即我们的理智。但身体不仅不能协助实现这一目的，反而在实际上构成障碍。理智的事务

① 或者译为“使用我们的理性”。

与肉体及肉体的需要疏远，几乎是可以认定为公理，[①]而对作恶者来说，不仅他的理智处于某种状态下，而且他也必须要有感受能力和语言能力，即肉体的能力；这些能力都是那些低劣的人为了充分满足他们特殊形式的罪恶要求所必需的。若无语言器官，他怎能泄漏神圣的和奥秘的真相呢？若无胃、腹和味觉器官，他又怎能纵情享受呢？所以，根据不同情况的需要，神只引导理智去获得美德。因为，如上所述，获得美德只需要理智；而追求罪恶则需要几种能力：灵魂、感觉和肉体的能力，罪恶在展现自身时需要使用它们。

（三十三）他接着说："你们吃的日子，必定在死中死去"（创 2：17）。但是我们看到，他们吃了以后不但不死，而且生育子女，成为其它生命的创造者。对此我们该怎么理解呢？死有两种：一种是一般的人的死亡，另一种是灵魂的死亡。所谓人的死亡就是灵魂与肉体的分离，[②]而灵魂之死则是美德的衰退和邪恶的侵入。由于这个原因，神不仅说"死"，而且说"在死中死去"。这里死去的是那个被各种罪恶的情欲所埋葬的灵魂。这种死亡实际上是等待着我们众人的那种死亡的反论。后者是互相对抗着的两个对手的分开，亦即肉体和灵魂的分离；而前者是冲突着的两者的相遇，而且在冲突中，低劣的肉体征服了优越的灵魂。但当他说，"在死中死去"的时候，他指的是"受惩罚而死"，而不是指自然过程中发生的死亡。自然发生的死亡是灵魂与肉体的分离；而惩罚之死发生在

① 参阅柏拉图，《菲多》（*Phaedo*），65A。

② 同上书，64C。

灵魂丧失了美德生活而只生活在罪恶之中的时候。赫拉克利特在这一点上追随摩西的教导,他非常精辟地说:"我们存在于他们的死亡之中,死在他们的生命中。"他的意思是,当我们活着的时候,灵魂是死的,是被埋葬在肉体里的,就像在墓穴中一样;因而我们应当死去,以便让灵魂继续适当地活着,让它从肉体中被解放,灵魂是被束缚在这有毒的尸体中的。①

① 参阅柏拉图,《高尔吉亚》(*Gorgias*),493A;《克拉底鲁》(*Cratylus*),400B。

第　二　卷

提要与分析

这篇论文讨论《创世记》2 章 18 节至 3 章 1 节。让我们注意作者明显表现在一些例子中的处理经文的模式。

作者说，关于创造夏娃的故事不可作字义上的理解。这是一个用来说明感觉起源的“神话”，心灵一入睡，感觉就活跃起来（创 2:21）。把女人带给那个男人就是把感觉介绍给心灵，心灵对此表示欢迎，把感觉当成自己的（2:22 以下）。（19 节以下，40 节以下）

亚当和夏娃两人都是裸体的（2:25），意思是他们都是不善不恶的；灵魂的裸露能把它自己表现为：（一）摆脱了情欲的自由；（二）美德的丢失；（三）中性的。亚当和夏娃在心灵和感觉方面都是不活跃的、“不知羞耻的”。亦即既没有卑劣者那种恬不知耻，又没有高尚者那种紧迫的羞愧感（53 节以下）。

蛇的介入（创 3:1）是出于这样一种需要，要说明心灵和感觉在一起合作以把握对象以及引起它们活动要有某些联合的方式（71 节以下）。

让我们注意斐洛对下列这些词作的引申。

从《创世记》2 章 18 节“单独”（alone）这个词引出提示，只有神是独一无二的，自我包含的，什么都不需要的。神不是一个复合体；而那个属天的人总是倾向于神，那个属地的人总是与他的情欲相伴（1—4 节）。

“帮助”或“助手”这个词表明，那个被造的后来产生的助手是赐给那个属地的人的。那些“野兽”指的是感觉和情欲，例如欲望、恐惧、愤怒，是赐给“心灵”的（创 2：19），它们是我们的助手，但也常常是我们的敌人（5 节以下）。

“又”（moreover）这个词（在希腊文本《创世记》2 章 19 节处）在斐洛看来意味着又一次创造感觉和情欲；他把这次再创造解释为由于恶者的众多，也认为《创世记》1 章 24 节的感觉指的是种类，2 章 19 节的感觉指的是属类。为了说明这个看法，还作了引证（11 节以下）。

在解释给动物命名时，“他叫什么”被理解为“为什么他要召来”（14 节以下）。

在创造夏娃的那个故事里，“肋骨”或“躯体”被理解为“气力”；“取”的意思是“注册”、“登记”，亦即使之作主动的服务（这个解释根据的是《民数记》31 章 26 节，“take the sum”）；“把肉合起来”表示“使感觉得以实现”、“使感觉延及肉身”；女人是造出来的（创 2：22），因为她被推动着从不活动状态转为活动状态（19 节以下，35 节，38 节以下）。

抓住个别词作意喻性的解释，这方面的一个典型例子是亚当欢迎夏娃，“这是我的骨中之骨”。“这”（this）这个代词指不再处于被动状态，而是处于主动状态的感觉；“现在”（now）表示感觉只在“当前”起作用（42 节以下）。

我们还可观察到许多例子，表明斐洛喜欢从族长的故事和早期以色列史中引用一些例证，并作比较。

在46节以下部分，斐洛认为，主动的感觉是内在于心灵之中的、作为潜在能力的感觉的一种延伸，尽管主动的感觉可以说是来自心灵，但在最严格的意义上，无论假设有什么东西会从心灵中派生出来，都是一种狭隘的有罪的念头。他用拉结向雅各提出的要求“你给我孩子”和“神使利亚生育”（创29:31,30:1以下）来说明他的看法的正确性。

在51节以下部分，斐洛提到利未作出的那个高尚的选择（申33:9），把神作为他的产业（10:9），还提到《利未记》16章8节处的那两只山羊，指出心灵被感觉纠缠因而抛弃神、不爱神的危险性。

说明摆脱了情欲以后的自由（“裸体”的含义之一）所用的例证有：摩西将帐篷支搭在营外（出33:7）；亚伦赤身进入至圣所（参见利16:1以下）；拿答和亚比户把他们的袍子（或非理性部分）留给米利沙和以利撒反（利10:5）；亚伯兰离开本地、本家（创12:1）；以撒得到禁令不要下埃及去（埃及指肉体，创26:2）；雅各身体的光滑（创27:11）。（54节以下）

用来说明丢失美德（“裸体”的另一含义）的例子是挪亚的失态（创9:21）。斐洛发现这种失态不是不可挽救的，用来说明这一点的例子是律法中的条文，仅仅只是一种意图的誓言可以废除（民30:10）。（60节以下）

用来说明情欲的攻击和自制美德具有治疗功能的例证是旷野中咬人的蛇和那条铜蛇（民21章）。快乐使人精神恍惚，就像沙漠中的蝎子叮咬后的作用。“埃及”的灵魂之渴由“智慧”（“水”）来平息，就像用神的话语（“玛哪”）来平息它的饥饿。贪得无厌的快乐甚至攻击摩西，摩西的杖的故事说明了这一点。他的杖和雅各的一样，表示“原则”。摩西扔下杖就是偏离原则，神命令他抓住它的尾巴（出 4:1 以下）。（78 节以下，87 节以下）

雅各向神祈求的事又用来说明快乐（创 49:16—18），这件事中，但（等于“区别”）是自制的原则，它变成蛇咬伤马（情欲），使等待神拯救的心灵（驭手）得救；在摩西的颂歌中（出 15:1），马和骑在马上的人，即由心灵驾驭的四种情欲被投入海中。

（一）“主神说，那人独居不好，我们要为他造一个配偶帮助他”（创 2:18）。噢，先知哪，为什么那人独居不好呢？他说，因为独居者独居是好的，但只有神是一，是独居的，是独一无二的，其他没有任何东西能和神一样。因此，独一无二者独居是好的，也确实只有提到独居的神才能用到“好”这个字眼。顺理成章，那个人独居是不好的。还有另一种方式可以使我们弄懂“神是独居的”这个说法。它表示没有任何东西可以在创世之前与神同在。宇宙生成之后，也没有任何东西与神在一起吗？不会，因为神绝对不需要任何东西。也还有一种更好的解释，神是独一无二的，就其本性来说，它是单一的而不是复合体。神是一个统一体，而我们每个人和所有其他被创造物都是用许多东西造出来的。例如，我是一个多样事物的统一体，既是灵魂又是肉体。理性和非理性的部分属于灵魂，冷暖、轻重和干湿等不同的性质属于肉体。但是，神不是一个由许多部分组成的复合的存在物，也不与其他任何东西混合。因为，无论把什么东西加给神，这样东西都必定优于、劣于或等于神。但是无物能与神相等或优于神，也没有劣于神的东西能剖析化为神。神若是能吸收任何比他低劣的东西，他自己也会变成低劣的；神若能变得低劣，也会败坏。即使是想到这一点也是对神的一种亵渎。因此，“一”或“单一”是确定神所属范畴的唯一标准。更确切地说，神是“单一”的唯一标准，因为所有的数目都像时间一样产生于宇宙之后，而神先于宇宙，是宇宙的创造者。

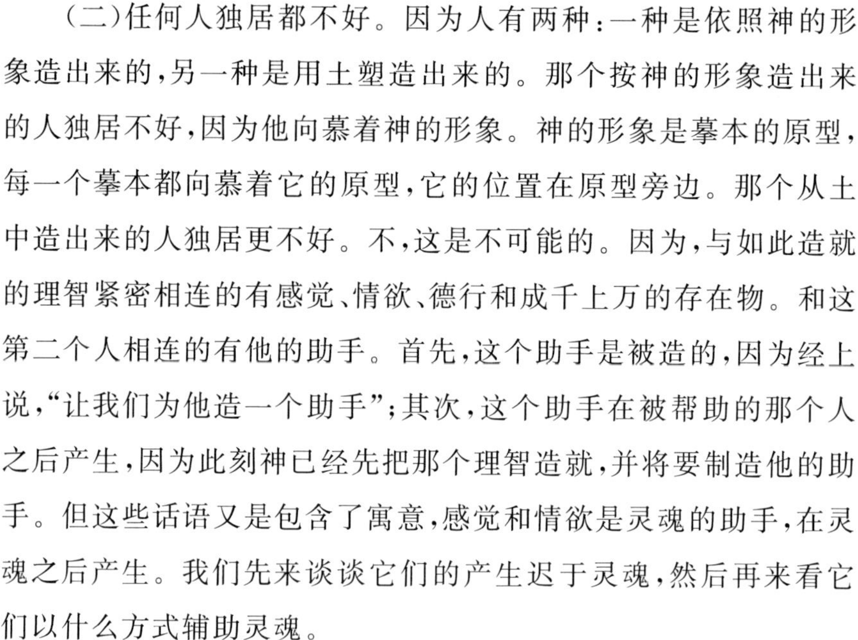

（二）任何人独居都不好。因为人有两种：一种是依照神的形象造出来的，另一种是用土塑造出来的。那个按神的形象造出来的人独居不好，因为他向慕着神的形象。神的形象是摹本的原型，每一个摹本都向慕着它的原型，它的位置在原型旁边。那个从土中造出来的人独居更不好。不，这是不可能的。因为，与如此造就的理智紧密相连的有感觉、情欲、德行和成千上万的存在物。和这第二个人相连的有他的助手。首先，这个助手是被造的，因为经上说，“让我们为他造一个助手”；其次，这个助手在被帮助的那个人之后产生，因为此刻神已经先把那个理智造就，并将要制造他的助手。但这些话语又是包含了寓意，感觉和情欲是灵魂的助手，在灵魂之后产生。我们先来谈谈它们的产生迟于灵魂，然后再来看它们以什么方式辅助灵魂。

（三）按照最优秀的物理学家和自然哲学家的看法，心脏的形成先于整个身体的形成，就像建立好基础，或像造船，先造成龙骨，船体的其余部分就建筑在它上面。他们作出这一论断的理由是：人死后心脏仍在跳动，心脏的腐烂也迟于整个肉体的腐烂，就像心脏的产生先于肉体一样。同理，他们认为，灵魂的主要部分比整个灵魂要年长，而灵魂的非理性部分比较年幼。这位先知在这里还没有联系到非理性部分的创造，但他将马上要描写。灵魂的非理性部分是感觉和激情，情欲是感觉的产物，无疑，它们并非我们自身任何选择的结果。这个助手是迟生的，当然也是被创造的。

现在让我们来考虑我们放在后面讨论的那个要点，感觉和情欲怎样帮助灵魂。除了用视觉做助手，我们的理智还有什么办法能识别物体的白与黑吗？不使用听觉做助手，我们怎能区别音乐家的演唱是甜美还是走了调呢？除了与嗅觉联盟，理智怎能识别香水的气味是令人愉快还是不受欢迎的呢？不用味觉做助手，怎能辨味呢？理智怎能区别物体的平滑或粗糙？怎么办？只有靠触摸。除了上面说过的这些感觉以外，还有另一类助手，即激情。因为，快乐和欲望对我们人种的永久延续作出贡献；痛苦和恐惧就像虫咬针刺，警告无所顾忌的灵魂；气愤是保护性的武器，给许多人带来裨益；其他激情亦如此。这也表明，这位先知说这个助手必须是“和他相应的”是完全正确的。因为，这个助手在各方面都与理智紧密相连，就像同一血缘的兄弟。感觉和激情是灵魂的组成部分，也是灵魂的产物。

（四）这个助手有两种形式：一种在激情中活动，另一种在感觉中活动。此时，神只创造出前一种形式，因为他说：“神用土所造成的野地各样走兽，和空中各样飞鸟，都带到那人面前看他叫什么。那人怎样叫各样的活物，那就是它的名字”（创 2：19）。你们看，我们的助手是谁？是野兽，也就是灵魂的激情，因为在说了“让我们造一个助手帮助他”以后，他还说“神造了野兽”，这就意味着野兽是我们的助手。把野兽都称为我们的助手并不恰当，只不过是曲解词义。野兽实际上是我们的对手。正如不同国度之间的同盟者，也会变成叛徒和逃兵。在私人友谊中，奉承者往往是敌人，而不是同志。他在这里把“天”和“野地”这两个术语用作同义词，它们的意思都是理智。因为，理智像野地，有无数的草木；理智也像天，有优秀的品质，是像神的和神佑的。他把情欲与野兽和鸟类联系起来，因为它们是野蛮的，不驯服的；它们把灵魂撕成碎片，因为它们就像有翅膀的东西；它们飞向理智，因为情欲的骚扰是剧烈的，不可抗拒的。他在“造”这个词后面加上“又”字，绝非多余。为什么呢？因为在前面，在提到造人之前，在关于第六日的那些话中，他也提到了造野兽。他说：“地要生出活物来，各从其类，牲畜、昆虫、野兽”（创 1:24）。那么为什么现在神又要造出其他野兽，而不满足于那些先前造出来的野兽呢？从伦理学的观点来看，我们必须说，在被创造的事物中，恶类居多，最坏的东西正在从中产生出来；从哲学的观点来看，我们的回答必须是，在前一场合下，当神从事第六日的神工时，他造就的是情欲的原初的种类，而现在他在塑造情欲的属类。这就是为什么摩西要说“神又造了”。那在先前的场合被造出来的是种类，有以下说话为证：“地要生出活物来”，不是按照属类而是“按照种类”。我们看到神在每个场合下都按这种方式做工。在属类之先，神先完成种类。在造人的时候也是这样。最先造成的人是种类，先知说人的种类中有男的和女的两种，然后神造成了亚当，是完成了的形式或属类。

（五）现在先知提到的是这种助手。他放在后面提到的是另一类助手，亦即感觉。他推迟了这个论题，先系统地谈论命名，直至造物主着手创造女人。此处，无论他的文字表述还是意喻解释都引起我们的崇敬。从文字方面来说，我们尊敬这位立法家描写的那个最早给动物命名的人。希腊哲学家确实说过，最早给事物命名的人是贤人。摩西说的比他们更好，他说给事物命名的不是一些古人，而是那第一个被创造出来的人。他的目的是要说明，亚当首先被造出来作为人的始祖，其他所有人都由他而来，所以没有其他人能比他更应被视作最先使用语言的人。若无名称，语言就不存在。再说，若有许多人给事物命名，那就不可避免地会造成混乱和误解。不同的人会按不同的原则给事物命名。若由一个人命名，就能使名称和事物和谐一致。名称作为一个符号确定地给予某事物，对所有人都相同，对每个被命名的对象都相同，对依附于名称的意义都相同。

（六）寓意解释的意义就是，我们常用“什么”这个词代替“根据什么理由”，* 比如：“What（亦即‘Why’）have you bathed?”“What（Why）are you Walking?”“What（Why）are you conversing?”这些句子中“what”这个词的意思都是“由于什么”。所以当这位先知说：“看他叫什么（what）”，其含义大体上应当理解为“为什么理智要与每个活物见面并给它们起名，是否仅仅因为所有凡俗之物都与情欲和恶德有必然联系而无法推辞，或者还因为这是一种超越理性的需要。这样做是为了满足血肉之躯的需要，还是因为相信它们是善的，是比其他事物更值得尊崇的？”举个例子来说明一下。一个被创造的存在物不能没有快乐，但卑微的人会把快乐当作完善的，而高尚的人只把快乐当作必需的。要记住，凡俗之物只能从快乐中产生。再说，卑微的人把获取财富当作极善，而高尚的人只把它看作必要的和有用的，仅此而已。因此，神无疑想要看到并确定理智如何被吸引，和对这些东西的态度。这些东西无论是善的、不善不恶的或恶的，在特定条件下都有用处。于是神召来万物，把它们当作活物来欢迎，因为它们对那个灵魂有用。从而，那个名称不仅是被指称的事物的名称，而且成为指称它的那个人的名称。

* 希腊文Tι原解“什么”，但亦可为 δια τι（根据什么理由）的简写。——中译注

比如，如果他欢迎快乐，他就可被称为热爱快乐的人；如果他欢迎欲望，他就可被称为热衷于实现欲望的人；如果他欢迎放纵，他就是放纵者；如果他欢迎胆怯，他就是胆小鬼等等。因为就像那一个，人的品格是由美德决定的。根据人具有的美德，他可被称作智慧的、头脑清醒的、正义的或勇敢的；同样，每当他自己主动地对那些相应的倾向表示衷心欢迎的时候，我们可以根据那些恶德把他称作不公正的、愚蠢的和野蛮的。

(七)“神使他沉睡，他就睡了。于是取下他的一条肋旁”(创2:21)，然后发生了什么事呢？这些话的字面含义具有神话的性质。有谁会承认，一个女人，或一个人能从一个男人的半边躯体中产生出来呢？什么可以阻止第一因如造男人一样创造女人，即是用泥土创造呢？因为，不仅创造主仍是同一个，而且造人的材料实际上是无限的。为什么有那么多躯体的部分可以选择，而神在造那个女人时不是从其他部分，而要从那半边躯体中造出那个女人来呢？他是从哪一边躯体取下那条肋骨来的呢？我们可以假设，这里只提到两边躯体，而且也没有提到躯体实际上有很多面。那么神从那个人的左边还是右边取下肋骨来的呢？如果神用血肉填满他取下肋骨后留下的那一边的空位，我们可以设想另一边躯体不是血肉造成的吗？我们躯体的各个部分确实都是两两成对的，是用血肉造成的。对此我们又该怎么看？“躯体”是用来表示“气力”的一个日常用语。说一个人有“躯体”相当于说，他是强壮的。我们说一个强壮的运动员有“粗壮的躯体”；说一个歌手有“躯体”也相当于说他有巨大的肺部力量去歌唱。说完这些，我们还需进一步注意到，那个理智在还没有穿上衣裳，亦即还没有被肉体囚禁

之前(当那个理智说话时,它还没有被囚禁)有许多能力。它有黏结的能力、生长的能力、过有意识生活的能力、思想的能力以及其他种类各有差异的无数的能力。石头和木头之类无生命的东西与其他东西一样都有黏结的能力。我们的骨头就像石头,也分有这种能力。植物有生长的能力,而我们身上的东西,比如我们的指甲和头发,也和植物相似。"生长"就是能移动自身的黏结能力。有意识的生活是生长的能力,再加上接受印象的能力和作为冲动的主体的能力。无理性的生物也分有这种能力。我们的理智确实包含与无理性的生物相似的这部分能力。此外,思想的能力是理智独有的,它很好地被更像神的那些存在物所分有,在和凡俗事物有关的范围内,主要是人才有这种能力。这种力量或才能是双重的。我们是理性的存在物,一方面分有理智,另一方面能够言语。噢,灵魂中还有另一种和上述能力相连的力量或才能,亦即接受感性印象的能力。这位先知正在谈论的就是它,因为他此刻想要揭示主动的感觉的起源。从逻辑上来看,他一定会这样做。

(八)感觉作为理智的助手和同盟军,它的产生必定紧接在理智之后。神在造就理智之后创造了主动的感觉。这是一种创造性的技艺,在秩序和能力上都位于理智之后。神这样做是为了造就整个理智,使它能感知呈现于它的物体。那么,感觉是怎样产生的呢?如这位先知本人所说,它是在理智睡着时产生的。事实上,理智一睡着,感觉就开始;相反,理智一醒来,感觉就平息。下面的事实可以证明这一点。每当我们想要准确地理解一件事,我们就急于进入一个孤寂的境地,我们闭目塞耳,对我们的感官能力说"再见"。此时我们就能看到理智骚动警醒,感觉的能力就被压制了。

还要注意一点。让我们来看那个理智睡着时发生的事情。当眼睛注视着画师或雕刻家的杰作引起感觉能力骚动升腾的时候，理智就变得迟钝，不再对思想的对象进行思索。当耳朵想要倾听美妙的声音的时候，理智能对属于它的范围内的任何东西使用它的理性能力吗？当然不能。实际上，当味觉被充分激起，正在大嚼大咽美味佳肴的时候，理智发现自己几乎完全脱离工作状态。

这就是为什么摩西害怕的并不是理智入睡，而是完全死去。他在另一处说："在你器械之中，当预备一把锹，你出营外便溺以后，用以铲土，转身掩盖不体面的东西"（申 23：13）。他用"锹"这个词象征挖出隐秘事物的理智。神吩咐那个人把它带在情欲部位，这部分必须多加约束，不能松弛和懈怠。无论是那个理智放松了对它自己那个部分的约束，屈尊于情欲，或是"出营外"，屈从于肉体的需要，都必须实行这种约束。这就是事实真相。每当理智忘记自己处在节日聚会的奢侈之中，受那些能产生快乐的东西支配的时候，我们就被束缚住了，留下我们的不体面的东西没有掩盖。但若理性能表明自己能强到足以抑制情欲的地步，我们就既不会喝得酩酊大醉，又不会像饕餮者那样暴食，而是放弃这种愚蠢，有节制地进食。因此，感官的苏醒意味着理智的入睡，理智的苏醒意味着感官的懈怠；恰如太阳升起以后，其他天体就看不见了；太阳落山以后，其他天体就会显现。理智就像太阳，它苏醒以后就把感觉掷入阴影之中，但若理智入睡，感官就会发光。

（九）说完这一点，我们还需解释摩西所用的术语怎样与上述含义一致。摩西说："神使它沉睡，他就睡了"（创 2：21）。他的用语相当正确。因为理智的入定和改变,就是入睡。当理智不再对适合于它的对象思索时,理智就入定。当理智不再工作时,它就入睡了。摩西也正确地说,那个理智的转变不是它自己推动的,而是神推动的;是神使他入睡,亦即把睡眠带给它。我们可作如下证明:若这种转变是由我们自己掌握的,在我想要转变的时候,应当能够转变它;这种转变若是我的特意选择,我也应当能够保持不变。但实际上,这种变化对我来说是相斥的。许多时候,当我想要接受某些正确思想时,就会被翻腾而来的有关不适当的事情的思绪所扰乱。相反,在承受某些邪恶观念时,我用健康的思想洗去邪恶的东西,[①]亦即神用他的天恩在我灵魂的苦涩之处倾注甜蜜的气息。每个被造物都一定会发生变易,因为这是它的属性,虽然这不是神的属性。但是,在发生变易以后,有些东西一直在变化,直至完全毁灭;另一些东西也在不断变化,但只经验所有有血肉的都倾向的经验,这些血肉之躯瞬时即可复原。这就是为什么摩西要说:“他不容灭命者进你们的房屋,击杀你们”(出 12:23)。神实际上允许灭命者——“毁灭”表示理智的变易或转变——进入灵魂,以显示相对于被造物的独特的东西是在那里,但神不会让可目睹神的以色列后代*如此改变,通过悔改承受他的死亡的打击,而是迫使他们站起来显现,就像从深水中出来复原一样。

(十)“神取下他其中一肋旁”(创 2:21)。神从那个生灵的许多能力中取下其中的一种,感觉的能力。此处,“取下”这个词一定

① 斐洛此处采用了柏拉图的说法,见《斐德诺篇》,同前,243D。

* 斐洛将以色列的字根解释成“可目睹神的族类”(to horatikon genos)。——中译注

不能理解为“移走”，而应理解为“登记”，“注册”，就像我们在别处看到“计算掳来的总数”（民 31:26）。那么，在这里想要表达的意思是什么呢？“感觉”这个词可以在两种方式下使用：首先是指当我们睡着时的状态；第二，是在活动的意义上使用。由于第一种意义上的感觉是一种状态，我们从中得不到什么福益，因为它不能使我们理解与我们有关的对象。从第二种感觉中，亦即作为一种活动，我们得到益处，因为我们对感性事物的认知由此而成为可能。在创造理智时神已经产生了第一种作为睡眠状态的感觉（其实当时神在理智中创造了许多处在眠态的能力），现在神要造出活动的感觉。活动的感觉在静眠状态的感觉开始活动并抵达血肉之躯和感觉器官的时候产生，正如种子被推动而促进植物的生长，活动也就是静态被推动所生。

（十一）“神把肉合起来”（创 2:21）。这就是说，神使原来仅仅是一种状态的感觉变为一种活动，让它延及肉身和整个身体表面，从而使感觉得以实现。然后他又说：“他造成一个女人”（创 2:21）。由此可见，正如“女人”是感觉最恰当、最准确的名称。恰如男人是主动的，女人是被动的；理智的职分也是主动的，感觉的职分像女人是被动的。从我们眼前的事情中就可以很容易地明白这个道理。视觉相对于视觉的对象来说是被动的；对象使视觉运动，产生白、黑或其他颜色。听觉也受声音的影响，味觉受滋味的影响，嗅觉受气味的影响，触觉受粗糙或平滑的东西的影响。感觉能力全都是眠态的，直至外物靠近它们，使之产生运动。

（十二）“神领她到亚当跟前。亚当说，现在，这是我骨中的骨，肉中的肉”（创 2:22、23）。神把活动着的感觉引向理智，因为神知道感觉的活动和认知能力，一定会回归到它们的起点理智那里去。理智看到了感觉，从前理智拥有它，但它是作为一种潜在的和眠态的能力，但现在成了一个完成的产物、一种活动，而且在活动着；于是理智大为惊讶，高声宣称感觉对它来说并非外在的，而是完全属于自己的。“这是我的骨中之骨，”也就是说，“这是我的各种能力中的一种能力”，“骨头”的意思在这里是“能力和力气”，指出自我感觉的一种感觉；他又说“这是肉中的肉”，因为理智使感觉承受它感觉到的一切，理智对感觉来说是源头，是基地。我们还可稍微留意一下，这里加上了“现在”这个词，他在此处说“现在，这是我骨中的骨”。感觉本身是即时性的，只与当前时间相连。无论过去、现在和将来都在理智的范围内。理智把握当前的事物，回忆过去的事物，展望未来的事物。但是，感觉没有能力靠着与希望或期盼相应的经验去展望未来，也不能回忆过去，感觉只能受当前的、使之运动的事物的影响。例如，眼睛在当前呈现的白的东西的影响下拥有白的感觉，但那些当前没有呈现的东西对它没有影响。理智则相反，当前不呈现的东西也能使之活动；如果是过去的事物，就通过回忆，如果是将来的事物，就通过希望或期盼。

（十三）“这一个可以称之为‘女人’”（创 2:23）。如前所述，感觉可被称作“女人”。因为，她是从那个男人那里“被取出”来而开始活动的。那么，为什么再加上“这一个”一词呢？因为还有另一个不是从理智中取出来，而是与这个感觉一起产生的感觉。如我前述，有两个感觉，一个作为眠态而存在，另一个作为活动而存在。作为眠态而存在的感觉不是从那个人，亦即理智那里取出来的，而是与他一同成长。我已经指出，理智产生之时，有许多潜能和状态与之相伴而生,比如理性能力、兽类生活的能力和成长的能力。感觉也是这样。但是作为活动而存在的那个感觉出自理智。它延伸于状态、内在于感觉,同时它也可以作为一种活动。这样,以运动为主要特征的第二个感觉已经被理智本身产生出来。如果有人认为,严格说来,万物均从理智或感觉中派生,这人是个肤浅的思想家。你们不是看到那个坐在神像上的拉结的感觉被那“看见的人”* 训斥吗? 她以为运动在理智里拥有根源。所以她说:“你给我孩子,不然我就死了”(创 30:1)。但他回答说:“噢,女人,充满着虚假的想像,万物的起源不是理智,而是神,生于理智的神是唯一的根源。”所以他又说:“叫你不生育的是神,我岂能代替他作主呢?”(创 30:2)。又以利亚的事作证,只有神才能使人生育。经上说:“神见利亚被恨,就使她生育,拉结却不生育”(创 29:31)。开启子宫是男人特有的功能。凡俗的种类易于仇恨美德,但神已经掷荣光于美德,允诺被恨的利亚生下长子。神在别处说:“人若有二妻,一为所爱,一为所恶,所爱的所恶的,都给他生了儿子,但长子是所恶之妻生的。……不可将所爱之妻生的儿子立为长子,在所恶妻子生的儿子之上”(申 21:15、16)。因为被恨的美德的产物是最先的和最完善的,而所爱的快乐的产物是最末的。

(十四)“因此,人要离开父母与妻子连合,二人成为一体”(创 2:24)。理智在成为感觉的奴隶时,为了感觉而抛弃了神,宇宙之父,也抛弃了神的美德与智慧,万物之母。它破开感觉,与之纠缠

* 所谓“看见的人”就是指雅各。雅各后来易名叫“以色列”,而“以色列”按前所述,斐洛解为“可目睹神的族类”。——中译注

在一起,二者成为一体,成为一个肉体,一个经验。我们注意到,不是那个女人纠缠住男人,相反,是那个男人纠缠住女人,亦即理智纠缠住感觉。当优秀的东西,即理智,与低劣的东西,即感觉成为一体,理智就把自身纳入低劣的肉体之列,成为感觉和情欲的动因。但若低劣的感觉跟随优秀的理智,那就不会有肉体,而是两者都成为理智。然而,那个男人,就像先知所描写的那样,他宁爱情欲,不爱神。但也还有一种不同的人作出了相反的选择。甚至利未"也对他的父母说:'我未曾看见你们'"(申 33:9),不认弟兄,也不认他的儿子。这个人拒认父母,即他的理智和肉体,把神作为他的产业,"因为神本身是他的产业"(申 10:9)。情欲成了爱情欲者的产业,但利未这位爱神者的产业是神。你们不是还看到摩西的描写吗?在第七个月的第十天,他们要带来两只公山羊拈阄,"一阄归于主,一阄用于驱邪"(利 16:8)。因为在各种行动中,热爱情欲者的产业都是需要回避的邪欲。

(十五)"当时夫妻二人,赤身露体,并不羞耻"。"神所造的,唯有蛇比田野的一切活物更狡猾"(创 2:25,3:1)。那个理智没有穿上恶德之衣,也没有穿上美德之衣,而是绝对裸体的,恰如婴儿的灵魂,既不善也不恶,是赤裸裸的,没有任何掩饰。美德和恶德是灵魂之衣,灵魂藉此遮掩和隐匿。善是优秀的灵魂的外衣,恶是低劣的灵魂的外衣。现在受造而来的赤裸的灵魂有三条道路可以走;其中之一是保持不变,不染上任何恶德,剥去任何情欲外衣,丢得远远的。由于这个原因,"摩西素常将帐篷支搭在营外,离营却远,他称这帐篷为会幕"(出 33:7)。

这句话的含义是,那个热爱神的灵魂剥去身上的衣服,摆脱与肉体亲近的东西，远远避开它们，在完善的美德的法令中定居下来。神也证明它所爱的事物是高尚的。他说："所以，它被称为证人的帐篷。"他没有提到谁这样称呼这帐篷，以致那个灵魂去思索为热爱美德的理智作见证的是谁。这就是大祭司为什么不能穿着袍子进入至圣所的原因(参见利 16:1 以下)。他要脱去灵魂的意见和印象的外袍，放在后面给那些喜欢表面事物、看重相似之物胜于实在之物的人看。他要赤身进入会幕，不能有彩色的绲边，也不能有铃声。他要将灵魂之血作奠酒，把整个理智作馨香，奉献给神，我们的救星和恩人。

拿答和亚比户也是这样(参见利 10:1)，他们靠近神，于是失去了有死的生命，成为不朽生命的分有者，他们脱去空洞的凡俗的荣耀而成赤身。那些把他们抬走的人也不会将他们包上袍子(见利 10:5)。若他们不是先变成赤裸的，挣脱各种情欲和肉体的束缚，因为他们的赤裸和摆脱肉体不应当被不虔敬的思想的干扰所败坏。并非每个人都必须沉思神的奥秘，而只有那些能隐匿和保密的人才如此。因此米沙利和以利撒反不是让拿答和亚比户穿上他们的袍子抬到营外，而是给他们穿上他们自己的袍子，此时他们已经被火烧灭，被抬上天堂。他们脱去所有衣服，把他们的赤裸献给神，把他们的衣服留给米利沙和以利撒反。此处，袍子指的是非理性的部分，理性藉此而隐匿。亚伯拉罕也是赤裸的，当他听到"你要离开本地、本家"(创 12:1)。以撒实际上没有成为袒露的，但他经常是赤裸的，无肉体的，因为神给他禁令，不要下埃及去(创 26:2)。"埃及"指的是肉体。雅各也喜欢袒露灵魂，他的光滑表示赤裸，我们读到："以扫浑身是有毛的，而雅各身上是光滑的"(创

27:11)。于是他娶了利亚为妻。[1]

(十六)这是赤膊或袒露的一种最高尚的形式。另一种赤膊的性质正好相反,它是当灵魂变得愚蠢和发狂,美德发生转变时的赤身。挪亚经历过这种赤身。他喝醉了酒,赤着身子。但是感谢神,这种由于理智状态发生变化,美德失落时发生的理智的赤裸没有被外人看见,而只有他的家人看见了,当时他待在家里,因为经上说的是,"他在屋子里赤着身子"(创 9:21)。聪明人若犯了罪,就不会像恶人那样乱跑。有一种人的恶是要传播的,另一种人的恶会被抑制。所以挪亚醒了酒,也就是说,他悔改了,从病态中复原了。

让我们再仔细地考虑一下发生在屋子里的赤身。当那个理智处于反常状态,只有某些施暴的念头,但还没有付诸行动时,罪行是在灵魂的处所和房屋里犯下的。但若又加上某些恶行的计划并付诸实施,那么不公义的行为也越出了家门。就是这个原因,迦南受咒诅,因为他把那个灵魂的变化告诉了门外的人。这表明他使受影响的范围变得更大更远,在恶念之上进一步加恶,甚至用行动来完成它。另一方面,闪和雅弗则受赞扬,因为他们没有参与那个灵魂的行为,而是设法掩盖它的可悲的变化。那个灵魂的誓言和决定也因此被废除,这些誓言是在她们的父亲或丈夫的家中作出的(民 30:4 以下)。这些东西不能使她们平和,进而增强那个灵魂消除过失的力量,因为在那种情况下,万物之主自己也"会洁净她"。他离开了,没有取消关于寡妇的誓言,或者经上所指的誓言。

① 希腊文 λεiα(利亚)是"光滑"这个词的阴性形式。

"摩西说，不论她所许的与她灵魂相对抗的原是什么，都要为定"（民 30:10）。这是合理的。她被赶出家门不仅仅是因为某些变化，而是因为犯下恶行，这种恶已经无法通过丈夫的训诫或父亲的劝告而矫正。

产生赤裸的第三种形式是中间状态的或中性的。此处理智是非理性的，既无善又无恶。先知谈论的是这种形式。婴儿也是这样。经文说："当时夫妻二人，赤身露体"。这句话的意思是，理智和感觉都还没有发挥作用，两者都是赤裸裸的；前者没有产生精神活动，后者没有产生感性活动。

（十七）让我们再来看这句话："他们并不羞耻"。有三点可作考虑：不羞耻、羞耻和既不感到羞耻也不感到不羞耻。不羞耻是相对于低劣的人来说的，感到羞耻是相对于高尚的人来说的，既不感到羞耻也不感到不羞耻是相对于那些缺乏正确的理解力、缺乏羞耻感的人来说的。先知此刻谈论的是最后这种人。因为他们此时还没有分辨善恶，也不可能不羞耻或马上感到羞耻。不羞耻的例子就是所有那些不体面的行为。理智本来应当隐匿那些可耻的事，但它却自吹自擂，引为自豪。在米利暗的例子中也是这样，她说话反对摩西说："她父亲若吐唾沫在她脸上，她当不耻辱七天吗？"（民 12:14）。因为十足的无耻和大胆就是竟敢在摩西应当受到赞扬的地方去挑剔。与"他是在我全家尽忠的"（民 12:7）。与摩西相比，感觉是神和天父所轻视的。让摩西娶那古实女子的是神自己，那女子代表不动摇的和强烈的和确定的刚毅（民 12:1）。摩西娶了那古实女子，他的品性即使受到烈火考验也不改变，因此应该受到赞扬。那个古实女子指的是灵魂的视觉能力，它就像眼睛里看去是黑色的那个部分。

那么，摩西为什么在看到邪恶的许多结果（他只提到其中之一，亦即参与可耻的行为）之后说："他们并不羞耻"，而不说"他们没有做不义之事"、"他们没有犯罪"或"他们没有错"呢？理由并不难找。对唯一的真神起誓，我相信没有比设想我们自己在运用我们的理智和感觉更可耻的事了。我自己的理智是它发挥作用的主宰吗？怎么会呢？它知道它自己的存在吗？知道自己是怎样产生的吗？感觉是感官感受的根源吗？这些说法怎么可能成立呢？因为它超越了自身和理智的认知。你们不是看到那些理智以为是自我发动的，常常缺乏理智能力吗？例如在贪食、醉酒和愚蠢的情况下。那么，理智的运作在什么地方显示自身？感觉不是经常失去感受能力吗？有时候，我们想看而看不到，想听而听不到。每当理智片刻间放弃注意而去接受其他精神的对象时，这种情况就会发生。在它们是赤裸的时候，理智没有自我运作，感觉也没有感受，他们没有什么可羞耻的；然而一旦它们开始认知，就陷入了可耻荒唐的行为。我们能看到，它们不仅在讨厌的暴饮暴食、沮丧和疯狂的时候，而且也在生活的其他时候，经常表现为愚蠢可笑，而非拥有健全的知识。当肉体的感觉是主宰时，理智处于奴仆的地位而不注意适合于它的对象；一旦理智占支配地位，肉体的感觉就无事可做，无权去把握任何感性对象。

（十八）现在，"主神所造的，惟有蛇比田野一切的活物更狡猾"（创 3:1）。理智和肉体的感觉这两样东西已经产生了。它们被造以后处在赤裸状态，必须要有第三个存在物，亦即快乐，使它们能一起去认知精神的对象和肉体感觉的对象。离开肉体的感觉，理智不能认知动物、植物、石头、木头或任何物体的形状;离开理智,肉体的感觉也不能发挥感受的作用。因此,它们两者必定要一起去认知它们周围的对象。能把它们连在一起的那个第三者,除了在快乐的统治和支配下的爱欲又能是谁呢?先知给它一个象征性的名字——蛇。

造物主,神,极好地设计了它们被造的秩序。神先造出理智,那个人,因为理智是人最可尊敬的部分;然后神造出肉体的感觉,即那个女人;然后在他们之后造出快乐。但快乐作为思想的对象此时只是潜在的,它们的年岁不同;而在真实的时间中,他们的年纪是相同的。因为灵魂携有所有这些部分,某些部分是真实存在的,另一些是潜在的、将要实现的,即使此时它们还没有抵达圆满。

把快乐比作蛇的原因如下。快乐的运作就像蛇一样曲折、变化多端。它以五种方式开始它的滑动过程,因为快乐是由视、听、尝、嗅和触引起;但那些与性交相连的快乐程度最为激烈,因为这是人的本能所拥有的生殖方式。

快乐潜入灵魂的所有非理性部分的器官是我们称它变化多端的一个原因,但并非唯一原因。我们说它变化多端也是因为它的各个部分都能盘绕着滑行。例如,变化多端的快乐通过视觉而获得由各种绘画或雕塑所能提供的快乐,各种艺术创造的、使眼睛陶醉的东西所能提供的快乐,以及由植物生长、开花和结果所发生的变化所能提供的快乐。同样,耳朵从笛子、琴这些乐器和各种无理性动物发出的优美声音中得到快乐,例如燕子、夜莺或其他天性善唱的鸟;也能从被赋予理性的存在物的悦耳的言语中得到快乐,例如音乐家的歌唱、演员在喜剧或悲剧舞台上表演的戏剧。

（十九）餐桌上的快乐有哪些可以用来说明我的观点呢？可以粗略地说，放在我们面前的菜肴用它们的美味搅动着我们的感官，其数量就像快乐的种类一样多。快乐的种类如此多样，它不是很适宜比作弯弯曲曲的那种动物，蛇吗？也因为这个原因，我们灵魂的这个部分可以比作一群在城中造反的暴民思慕着埃及的居所，亦即它总是与带着死亡的快乐相遇。不是那个将灵魂与肉体分割的死，而是那个用邪恶去毁灭灵魂的死。我们从经上读到："于是神使火蛇进入百姓中间，蛇就咬他们。以色列人中死了许多"（民 21:6）。无节制地沉迷于快乐肯定会给灵魂带来死亡，没有任何东西能如此确定。死去的不是我们灵魂中居主宰地位的部分，而是被统治的部分，像粗鲁的牲畜的那个部分。只要它不忏悔认错，就会招致死亡。那些人到摩西那里说："我们怨渎神和你，有罪了。求你祷告神叫这些蛇离开我们"（民 21:7）。这里，他们不是说"我们怨渎，我们有罪"，而是说"我们有罪，我们怨渎。"[①]因为那个理智犯了罪，因而远离美德，他在这个时候责备神的道，把自己的过失推诿给神。

（二十）那么，有什么办法能治愈他们遭受到的苦难呢？可以造另一条蛇。这条蛇在种类上与夏娃的那一条不同，亦即自制的原则。因为，自主能与快乐这种因事物的变化而发生变化的德性相对抗，它是一种能抵制它的敌人快乐的一种德性。所以，神吩咐摩西造出那条代表自制的蛇，他说："为你自己制造一条火蛇，挂在

① 或译作"不是因为我们怨渎，所以我们有罪"，而是"因为我们有罪，所以我们怨渎。"

杆子上"(民 21:8)。你们要注意,摩西造这条蛇不是为了别人,而是为了自己。因为,神的吩咐是"为你自己造一条蛇"。由此可知,自制并不是每个人都拥有的,而是只属于神所钟爱的人。

我们必须考虑摩西为什么要造一条铜蛇,因为神并没有吩咐他用什么材料造蛇。原因可能如下:首先,质料并非神的天赋中的一个成分,神用质料造成这样或那样事物,而我们凡人的天赋却总是包裹在质料之中。第二,摩西喜爱没有物体外形的优美,而我们的灵魂因为不可能脱离肉体,只能刻画出有物体外形的优美。但是,自制的原则是有力的、不可抗拒的,与铜这种坚硬的质料相像,也可能是因为神所钟爱的人的自制是最珍贵的,像金子一样;但那个逐步吸收智慧的人占据第二位。所以,"凡被咬的,一望这蛇,就必得活了"(民 21:8)。这一点对极了。因为当理智被快乐夏娃的蛇所咬的时候,它若能看到自制的美、摩西的蛇,因而望见神本身,就能得活,只要让它看见。

(二十一)你们难道没有注意到,撒拉,居支配地位的智慧,说:"凡听见的必与我一同欢乐"?(创 21:6)。假定有人听到了那种德行已经产生了"喜笑"(以撒),他马上就会唱赞美喜乐的歌。听见以撒出生的那人是喜笑的同伴,所以那个清楚地看见自制和神像的人也避开了死亡。但是,许多灵魂由于缺乏持久、自制和抛弃欲望,只能经历神的能力,接受变为低劣者的转变方式。造物主明确地区分了他自己和他的创造物。他自己永远坚定不移,而他的创造物则在动摇,趋向于相反的方向。这位先知说:"引你经过那大而可怕的旷野,那里有火蛇、蝎子、干旱无水之地。他曾为你使水从坚硬的磐石中流出来。又在旷野,将你列祖所不认识的玛哪赐给你吃”(申 8:15、16)。你们看,灵魂不仅在埃及受到情欲的吸引而受陷于蛇,而且也在旷野之中被那快乐、那精巧的像蛇一样的情欲叮咬。在这里,快乐的行为方式得到了一个最适当的名称,被称为咬。不仅那些在旷野里的人被快乐叮咬,而且那些四散的人也被叮咬。* 因为,有许多时候,我弃绝朋友和同胞进入旷野,想要全神贯注于需要沉思的主题,但这样做并无什么好处,我的理智被情欲叮咬而恍惚,驱向于相反的事情;另一方面,我们在人群中有时也能集中精力,神会驱散那骚扰灵魂的人群。神教导我,有利条件和不利的条件并非由不同地点引起,而是由他决定的,是神随他意在推动和引导着灵魂之车。

再回头来谈谈灵魂在旷野被蝎子(就是“四散”)叮咬。干渴的情欲抓住它,直到神从他坚强的智慧中送出清泉,解救那背离神的灵魂的饥渴。那坚硬的磐石就是神的智慧,这是神最高最主要的力量。神用智慧使爱神的灵魂解渴。当他们有水喝的时候也得到玛哪作食物。这是一种最综合的东西,因为玛哪被称作“某物”,这个词表示“最综合的种类”。最高的存在是神,其次是神的逻各斯,其他一切东西都只存在于神的逻各斯中,但受它们的主动影响,在有些情况下,它们像非存在的东西一样好。

(二十二)注意,现在那个在旷野中转变的人和那个在埃及也这样做的人是有区别的。一个受到了蛇致命的叮咬,亦即贪得无厌的快乐使他死亡;而另一个有所约束的人只是被快乐叮咬和逃

---

* 斐洛突然转题谈“四散”(skorpizein)是因为“四散”的字形与“蝎子”(skorpios)相似,而蝎子在上面 84 节(即本书第二十一节。——编注)和《申命记》8 章 15 节处提及。——中译注

散，不至于丧命。这就是说有一个人被自制所治愈，自制就是智者摩西造那条铜蛇；而其他人被神恩赐的泉水治愈，这清泉就是神从他自己的智慧之泉中溢出的最优秀的智慧。像蛇一样的快乐甚至也并不因为神最钟爱摩西而有所收敛。我们读到："他们必不信我，也不听我的话，必说：'耶和华并没有向你显现。'我该怎么办呢？神对摩西说：'你手里是什么？'他说：'是杖'。神说：'丢在地上。'他一丢下去，就变作蛇，摩西便跑开。神对摩西说：'伸出手来拿住它的尾巴，它必在你手中仍变为杖。如此好叫他们信你。'"（出 4:1 以下）

人怎样才能信神呢？只有懂得万物皆变，唯有神不变这个道理。因此，神问智者他手里拿的是什么，或者说使他的灵魂活动的生命力是什么，因为手表示活动。他回答说，是"教育"，这个名称用"杖"来表示。所以雅各，那个情欲的取代者也说："我先前只拿着我的杖，过这约旦河"（创 32:10）。"约旦"这个词的意思是"降下"或"走下"。所有那些在恶德和情欲的推动下做出的事情都属于低下的、凡俗的和可朽的自然。那受过规范者，亦即理智，在这些东西之上，他自己越过教育之河。这句话字义上是指他手中持杖过河，亦即被驯服。

（二十三）因此，神所钟爱的摩西的答复是好得很。因为，实际上拥有美德的人的行为依据杖一般的戒律，平息和规范理智的骚动和混乱。这根杖一掷出就变成蛇，这很自然，因为灵魂若一撇开戒律，顷刻即由爱美德者变成为爱快乐者。所以摩西逃离它，因为爱美德者逃避情欲和快乐。但是请注意，神并不赞赏他的逃避。噢，我的理智呀，因为这样做适宜你们这些没有被造为完善的人，得到逃避情欲的训练。但对完善的摩西来说不应该是停止与情欲作战,而应该是抗拒情欲,战斗到底。否则,看到没有什么东西能发出警告或制止它们,他们会夺路冲向灵魂的要塞,照着一个无法无天的统治者的样子在灵魂中掀起风暴,把整个灵魂洗劫一空。因此神也责令他“拿住它的尾巴”。意思是“不要让快乐的反对和它的残暴使你胆怯。这是关键时刻,赶快控制它、平息它,这样它马上就会由蛇变杖,也就是说快乐将处在戒律手中”。但它是“在手中”,在智者的行为中,得到控制。这是非常正确的。手若不先伸出去,就不可能抓住快乐,把握它;也就是说,灵魂应该首先认识到他的所有成就和成功都应归结为神的万能,而不应把任何一点归功于人自身。那个眼睛开着的人决定逃避那条蛇,他造了另一条蛇,自制的原则,即那条铜蛇,使那些被快乐叮咬的人可以凭着看见自制而过上真正的生活。

(二十四)雅各祈求神让但变成这种蛇。他明智地说:“但必判断他的民,作以色列支派之一。但必作道上的蛇,路中的虺,咬伤马蹄,使骑马的坠落于后。神啊!我向来等候你的救恩”(创 49:16—18)。在利亚所生的孩子中,以萨迦是雅各的第五个真正的儿子。若把悉帕的两个儿子算在内,他是第七个。但在雅各所生的所有儿子中,但是第五个,是拉结的侍女辟拉与雅各生的。这件事的意义将在我的另一篇专论中探讨。这里,我们需要对但作进一步的研究。那个灵魂有两类产物,一类是神圣的,另一类是可灭的。那个灵魂已经生下了较好的种类,有了它,那个灵魂就停止生育。因为一旦她完全敬仰神,向神谢恩,那就没有什么更好的东西值得她去获取的了。这就是她生了犹大,即赞美和谢恩以后就停止生育的原因。那个灵魂于是去塑造凡俗的种族。凡人由吞咽而来,因为滋味像一个源泉,是生物延续生命的根源。辟拉的字义是“吞咽”。这个女人生下了但,这个名字的意思是筛选或区分。因为这个种族区分不朽的东西和凡俗的东西。所以他的父亲祈祷让他成为自制的爱好者。但他没有为犹大作这样的祈祷,因为犹大已经具有赞美和使神喜乐的品德。所以他说:“让但作道上的蛇”。灵魂是我们的路,因为只有在路上我们才能看出存在物的区别:死的或活的,无理性的或有理性的,善的或恶的,奴隶或自由人,年轻或年老,男的或女的,外国人或本地人,有病的或健康的,残废的或健全的。灵魂也有两个方面:一方面会有死的、残缺的、有病的、被奴役的、女性的以及其他无数充满伤残的运动,另一方面则有活生生的、完全的、男性的、自由的、健康的、成年的、好的和真的,其实质是祖国的运动。

那么,让自制的原则成为横在灵魂之路上的蛇,这条路与生命的各种境况相连。让它横在那条陈旧不堪的道路上,那么这条陈旧不堪的路又是什么呢?美德之路是不陈旧的,因为几乎无人走它,而恶德之路是陈旧不堪的。他要求那蛇埋伏在那条情欲和恶德的陈旧不堪的路上,让逃离美德的理性能力在这条路上耗尽它们的生命。

(二十五)“咬伤马蹄”。那个足以使被造的和可灭的生命不稳攻击脚部,可以说合理不过。情欲就像一匹马,也是四条腿的生物,冲动、固执、任性和难以驾驭。但是自制的原则喜欢撕咬和毁伤情欲。蹄子被咬伤的情欲使“骑马者坠落于后”。我们必须懂得,“骑士”就是指骑在情欲上的理智。情欲被推翻时,理智亦同时掉下来。那个理智不向前坠落,意思就是别让它走在情欲之前,而要走在情欲之后,这样它能学会自制。这里讲的包含着一个坚定的原则。如果在开始作恶时那个理智坠落在后,它就不会做什么坏事;如果在经历了非理性的情欲冲动以后,它不是跟随情欲,而是滞留在后,它也能得到最好的报酬,甚至可以豁免情欲。因此,那位先知懂得要坠落在后以逃避情欲。他又说要“等待主的拯救”,因为他确实是由于坠落在情欲之后,在行为中也没有实施情欲而被神拯救的。让我的理智也有这样的坠落,以等待神的拯救,进入天堂,而绝不要骑上情欲这匹野兽,野的像那想要挣脱缰绳的烈马。因这个缘故,因那先知了解向后倒可以逃离情欲,所以他又加上,“在等待主的救恩”。因为那逃脱了情欲、没有实践情欲的人实在是被神拯救了。愿我的灵魂这样,从那蹦蹦跳跳、乱跑的情欲野兽掉下来,直等到神的拯救来临,可得着极乐。因此,摩西在向神唱颂歌时说:“他将马和骑马的投在海中”(出 15:1)。意思是神把四种情欲和骑在情欲上面的罪恶的理智掷入无底的深渊,彻底毁灭它们。这确实是这首颂歌的主旨,其他的意思都是真的,因为,理智若能摆脱情欲,就能获得完全的极乐。

(二十六)但是我们必须追问,为什么雅各说“使骑马的坠落于后”(创 49:17),而摩西要歌颂淹死马和骑马的。我们必须明白,被淹没的是埃及人的性格,那它要逃走,也是在水底下逃走,亦即藏在情欲的激流中,而那坠落于后的骑马者不属于情欲的爱恋者。证据之一是它被称为“骑手”(horseman),而其他的被称作“骑马的人”(rider)。骑手做的事是驾驭他的马,马不服从缰绳的束缚就给它上嚼子。而骑马的人任凭那畜牲把他送往任何地方。在海上也是一样，舵手的职能是指引船舶的航向，而旅客则是体验船上的经历。同理，驾驭情欲的骑手没有淹死，而是从情欲身上下来，等待来自主的拯救。

现在《利未记》中的圣语指点他们吃，“有足有腿，在地上蹦跳的，你们还可以吃”（利 11:21）。这样的动物有蝗虫、野蝗虫、蚱蜢和第四样蟋蟀。事情理应如此。因为，蛇一般的快乐是无益有害、以我为主的，与快乐对立的本性必须是健康的，充满益处的。噢，我的理智呀，你们是否也想抗拒一切情欲，乃至抗拒快乐？因为“神所造的，惟有蛇比田野一切的活物更狡猾”（创 3:1）；因为快乐是一切事物中最狡猾的。为什么会这样？因为万物都被快乐所吸引，恶人的生活被快乐所主宰。产生快乐的东西通过各种狡诈的方式获得，金、银、荣誉、地位、感官对象的材料、机械技艺以及所有其他艺术，都是快乐的侍佣。我们做错事的原因是因为追求快乐。恶行永远与极端的狡诈连在一起。因此，那位与蛇作斗争的人决定反对快乐，并且要把这场高尚的斗争进行到底，通过击败那征服其他所有人的快乐，竭诚尽力去赢得那人类从未取得的高贵的王冠。

第　三　卷

提要与分析

Ⅰ. 被流放的人　《创世记》3 章 8 节(1—48 节)

(一)躲避神的那个人(1—27 节)　与摩西对照(12—14 节),他不躲避神而躲避"分散"("法老")。

与雅各对照(15—23 节),他躲避物质的诱惑("拉班"),朝向美德和证人的高峰("基列山")。

与亚伯拉罕对照(24—27 节),他忠于神,拒绝这个世界提供的东西(所多玛国王)。

(二)在自身中隐藏的人(28—47 节)　《出埃及记》22 章 1 节以下,拒绝神则一事无成,但比完全的自我拔高罪恶要轻(32—35 节)。

《申命记》27 章 15 节,秘密地隐藏错误观念的罪恶(36 节)。

《出埃及记》2 章 12 节,存在的邪恶埋藏在我们自己松散的心灵中(37 节)。

《创世记》15 章 5 节,从自我向神飞升的狂喜(39 节)。

《创世记》24 章 7 节，离开肉体与神同在(42 节)。

《出埃及记》9 章 29 节，向神开启我们心灵中的一切(43 节)。

《出埃及记》33 章 7 节，超越自我，寻求神，即使我们失败了(46 节以下)。

Ⅱ. 呼唤 《创世记》3 章 9—13 节(49—64 节)

那个呼唤是对心灵发出的，心灵能够接受指导(感觉不能接受具体指导)。

"你在那里"这个问题可作其它方式的理解。

心灵对此的回答是"在恐惧之处，我要回避神，我赤身露体"(49—55 节)。

"赐给我与我同居"这句话包含着感觉的自由的意思，感觉与心灵同时进行察觉，并给心灵提供了察觉的场合("她把它给我")(56—58 节)。

尽管在询问亚当吃果子的时候她说"我吃"，但感觉的回答是贴切的，因为心灵总是与感觉一起出现。她正确地说"我被引诱"，因为感觉不会歪曲任何对象，是快乐使对象变得虚假(59—64 节)。

Ⅲ. 快乐、原罪 《创世记》3 章 14 节(65—106 节)

神咒诅蛇(亦即快乐)，不给它辩白的机会；与神杀了珥而不公开审判他的例子作比较(创 38:7)。被杀的珥是肉体，从一开始就是尸体，灵魂在自己圆满无缺之时知道自己只是一个肉体的负荷者（65 节以下）。

没有告诉我们善的神怎样造出珥和蛇。告诉我们的是那种创造归因于神的善（75 节以下）。

律法书提供了大量例子可以说明原初的恩赐。挪亚“在主神面前蒙恩”，神使麦基洗德成为自己的“祭司”和“和平之王”，这两个例子没有提到先于他们存在的恩赐（79 节以下）。（斐洛停下来把麦基洗德与摩押人和亚扪人作对照，这些人没有拿食物和水来迎接摩西，《申命记》23 章 3 节以下。）亚伯兰生来就是善的，并被引向一座较好的城市。以撒被比作希望，神在他出生以前就使他蒙大恩。雅各和以扫还未出生，他们的名分就已由神判定（82 节）。以法莲和玛拿西的名字决定了他们一个是记忆和“结果实的”，另一个是“摆脱遗忘”（94 节）。神提比撒列的名指派工作给他，但他没有什么值得神器重，只是因为他的名字的含义是“在神的影子中”，他是由摩西教导的，而摩西是由神教导的。总之，我们必须祈祷，领悟神的善（95—103 节）。

Ⅳ. 咒诅快乐 《创世记》3 章 14 节（107—199 节）

理由（107—110 节）。

适当性（111—114 节）。

内容（115—199 节）。

咒诅的内容（115—159 节）。状态和运动。

（一）关于胸部（115—137 节）

胸部是高尚精神的处所，亚伦依靠清晰和真实控制高尚的精神，而摩西要把它完全割除（利 8:29）。

（二）关于肚腹

1. 快乐的爱恋者在肚腹和四种情欲之中或之后，这对快乐来说是适宜的（138 节以下）。
2. 对照完善者与逐渐进步者的自我沉溺（140—144 节）。
3. 肚腹是所有情欲的基地（145—150 节）。[附注：胸是割除的，脏腑是清洗的，因为它无法完全割除（147 节）。]
4. 身体的需要迫使我们从由理性把握的智慧之所看顾一切非理性的东西（151—158）。

161—181 节，食物。

属土的身体由土来滋养。

与此相对照，则有“属天的食粮”，“每天收每天的分”，像露水一样优美，又像芫荽籽一般清澈透明，被称作“某物”（申 8:3）。

对照两句话：雅各说“牧养我的神”，拉结的真正的儿子（“给我孩子”）约瑟说“我要奉养你”。

彼此为仇（182—199 节）。

仇敌（185—187 节）。

他们之间的战争（188 节）。

雅各伤了以扫的脚跟，以扫说“我的”，只有神能用这种口气说话（189—199 节）。

V. 原则《创世记》3 章 16—19 节(200—253 节)

(一)女人的原则(创 3:16)(200—245 节)

1. 关于感觉的悲痛(200 节)。

   神起誓确认给亚伯拉罕赐福(201—203 节)。

   关于神起誓的讨论(204—208 节)。

   叹息,善的与恶的(上接 200—211 节)。

2. 服从她的丈夫(220 节以下)。

   《民数记》21 章 27 节以下,把那个纵火的女人即波提乏的妻子与约瑟和非尼哈作对照。撒拉。夏甲(224 节以下)。

(二)男人的原则(创 3:17 以下)(246—253 节)

由于蛇而引起。荆棘。草。归于尘土。

（一）“亚当和他妻子听见神的声音，就藏在园里的树木中，躲避主神的面”（创 3:8）。他这是在介绍一种学说，说明那个恶人是个流放者。因为，如果美德是一座智慧者尊有的城市，不能拥有美德的人已经被驱逐出城，他们没有能力在这里参与，因此只能被驱逐和流放。但是，这种因为与美德疏远而引起的流放也使他自己躲避神。因为，如果智慧者作为神的朋友都处在神的视野中，那么显然所有恶人都会溜之大吉，躲避神，这种人恨恶正规的道理（逻各斯），亦是意料之中。此外，这位先知用以扫的事说明恶人没有城市或住所。以扫这个浑身有毛的人善于做坏事，摩西说：“以扫善于打猎，常在田野”（创 25:27）。追逐情欲是一种恶德，生来不适宜在美德之城中居住。极而言之，他会追随乡村的草木，过一种无教养的生活。充满智慧的人，雅各，属于城市，拥有美德作居所。这位先知在提到他时说：“雅各为人简洁，常住在屋子里”（创 25:27）。与此相仿的还有那些收生婆，因为敬畏神，神便叫她们成立家室（出 1:21）。因为这样的灵魂在寻找神隐藏的奥秘（这就是“救男孩的命”或“给男孩接生”的含义）。它们建起美德的根基，把它们的住所建立在美德上。这些例子都已清楚地表明，恶人没有城市或家园，是从美德中被流放的；而善人承受美德作为产业，获取智慧的城市和住所。

（二）下面，让我们来看看这个人实际上是怎样躲避神的。如果以寓意解释这些话，那么这种说法是不可能接受的。因为，神充

满和渗透万物，在他存在之处不会留下任何空间。那么，人占据什么样的处所呢，是在神不存在的地方吗？这位先知在别处说的话提供了答案。他说："天上地下惟有耶和华他是神，除他之外，再无别神"（申 4：39）。他又说："我站在你（被造的）面前"（出 17：6）。因为神在每一个被造物面前，在任何地方都能找到神，所以没有人能躲避神。对此，我们有什么可惊讶的呢？无论如何，我们绝不能逃脱或躲避那些用于创世的基本元素，甚至不能躲避那些被创造的东西中的这些成分。例如，如果有人能飞，那就让他在土、水、气、天空或宇宙中自由飞翔，但他必须要有这些元素环绕他，不可能飞离这个世界。既然人不能逃离这个世界的部分或整个世界，那么他能躲避神的眼睛吗？绝不可能。那么，为什么经上要说"他们躲藏"？恶人以为神位于某处，神不是包容的，而是被包容的，因此他想像自己可以躲避神，设想万物的创造者神不在那个地方，把那里选作自己的潜伏地。

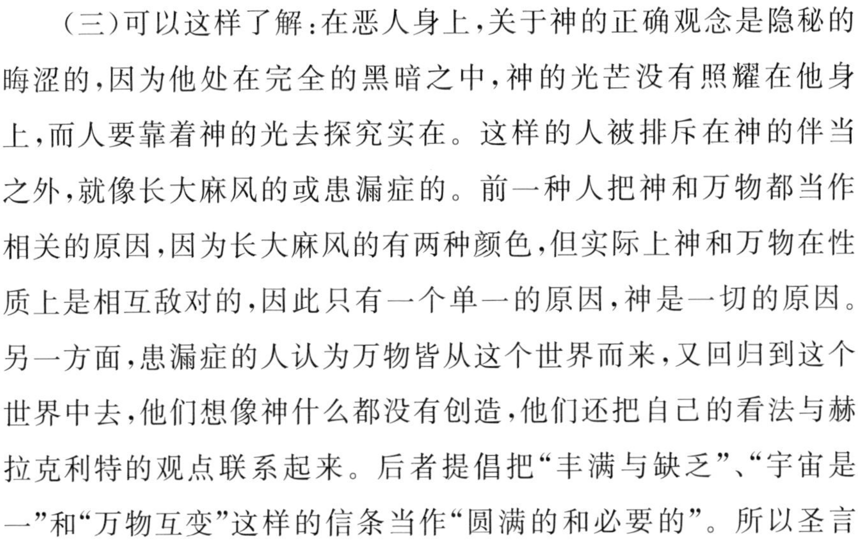

（三）可以这样了解：在恶人身上，关于神的正确观念是隐秘的晦涩的，因为他处在完全的黑暗之中，神的光芒没有照耀在他身上，而人要靠着神的光去探究实在。这样的人被排斥在神的伴当之外，就像长大麻风的或患漏症的。前一种人把神和万物都当作相关的原因，因为长大麻风的有两种颜色，但实际上神和万物在性质上是相互敌对的，因此只有一个单一的原因，神是一切的原因。另一方面，患漏症的人认为万物皆从这个世界而来，又回归到这个世界中去，他们想像神什么都没有创造，他们还把自己的看法与赫拉克利特的观点联系起来。后者提倡把"丰满与缺乏"、"宇宙是一"和"万物互变"这样的信条当作"圆满的和必要的"。所以圣言

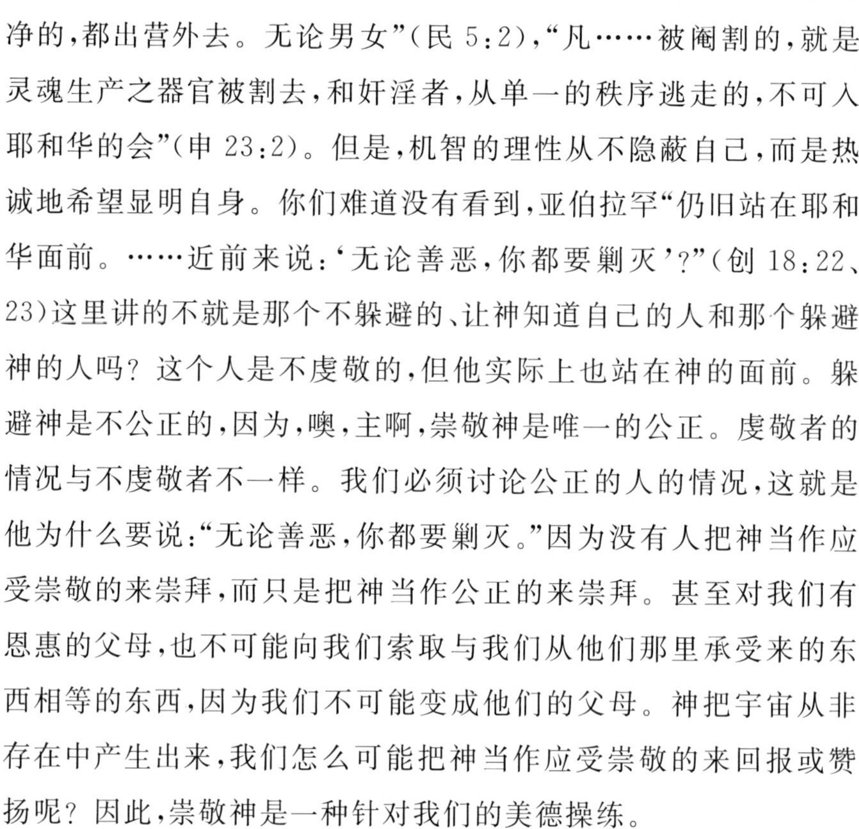

说："你吩咐以色列人使一切长大麻风的，患漏症的，并因死尸不洁净的，都出营外去。无论男女"（民 5:2），"凡……被阉割的，就是灵魂生产之器官被割去，和奸淫者，从单一的秩序逃走的，不可入耶和华的会"（申 23:2）。但是，机智的理性从不隐蔽自己，而是热诚地希望显明自身。你们难道没有看到，亚伯拉罕"仍旧站在耶和华面前。……近前来说：'无论善恶，你都要剿灭'？"（创 18:22、23）这里讲的不就是那个不躲避的、让神知道自己的人和那个躲避神的人吗？这个人是不虔敬的，但他实际上也站在神的面前。躲避神是不公正的，因为，噢，主啊，崇敬神是唯一的公正。虔敬者的情况与不虔敬者不一样。我们必须讨论公正的人的情况，这就是他为什么要说："无论善恶，你都要剿灭。"因为没有人把神当作应受崇敬的来崇拜，而只是把神当作公正的来崇拜。甚至对我们有恩惠的父母，也不可能向我们索取与我们从他们那里承受来的东西相等的东西，因为我们不可能变成他们的父母。神把宇宙从非存在中产生出来，我们怎么可能把神当作应受崇敬的来回报或赞扬呢？因此，崇敬神是一种针对我们的美德操练。

（四）然后，那个灵魂通过三个季节把自己向神显明，这里三个季节实际上是整个时间的三重划分，不是那个虚弱的女性的感性情欲在拉扯着他，而是表现为一种男人的刚烈和理智。因为圣言命令男性在每年三个季节朝见以色列人的神（申 16:16）。摩西也因为这个原因躲避法老，使自己站立在神的面前。法老象征着分散，因为他胆敢说他不认识主（出 5:2）。我们读到："摩西躲避法老逃往米甸地居往"（出 2:15）。他在考查自然事物的时候，"坐在井边"，等待着神送来清泉，平息他灵魂对善的渴望。所以，他躲避法老，即各种情欲以之为首的不敬神的观念，退避到米甸这个筛选之地考查自己是否坚定，或是思考要不要重新对那个恶人的破坏进行争辩。他在考虑如果与之斗争能否取胜，所以他停留在那里等候神，如我所说，看神是否会把摆脱了浅薄的那个深刻的理性赐予他。这种理性像湍急的河流，足以淹没追赶而来的埃及人的王。“追赶”指的是他的情欲。他配得那恩惠，因为在取得那美德源头之地以后，他没有停止斗争，直到看见快乐衰竭，失去作为。这就是为什么摩西不从法老那里溜走，因为那样做就是逃跑而不是回归，而是像个运动员那样休息一下，喘口气。“躲避”的意思就是休战，直至神圣的逻各斯使他的智慧和其它各种美德的力量高涨，帮助他重新投入战斗，势不可当。

但是雅各，那个“取代者”，竭力用欺骗和诡计去获取美德，那时他的名字还没有改成“以色列”。他带着自己的东西(亦即他的颜色、形状和肉体，简言之，他的本性)从拉班那里逃走。这种本性通过感觉的对象给理智留下创伤。因为在面对这些感觉对象时，他不能完全击败它们，他担心败在它们手上，因此就逃跑了。在这样做的时候，他有充分的理由得到赞扬，因为摩西说：“你们要小心提防看见神*之子”(利 15:31)，**不要胆大妄为，做那力所不能及的事。

(五)“雅各背着亚兰人拉班偷走了，并不告诉他；就带着所有的逃跑，他起身过大河，面向基列山行去”(创 31:20、21)。这个说

* 即以色列。——中译注

** 《利未记》15 章 31 节。《圣经》原文为“你们要这样使以色列人与他们的污秽隔绝，免得他们玷污了我的帐幕，就因自己的污秽死亡”。——中译注

法与自然宗旨完全一致，他逃跑了，没有告诉拉班。因为，拉班代表受感觉对象支配的那种思维方式。比如，你要是看到美的东西，被它俘获，它就像是使你跌倒的原因，那你就悄悄地溜走，不要告诉你的理智。也就是说，不要再有其它想法或再作深入思考，因为不断回忆某事是在理智刻上关于此事的印记的方式，这样做会伤害理智，常会违反它的意愿，使它毁灭。任何通过各种感觉途径抵达我们的诱惑也具有同一原则。因为在这里，悄悄溜走是平安的上策，如果在记忆中反反复复地玩味诱惑之物，那么它会反过来审讯和奴役我们的理性能力。因而，我的理智哟，你的坠落已经迫在眉睫，你会落入向你显现的感性物体的圈套，你绝不要谈论它们，绝不要细想它们，免得被它们捕捉，陷入悲惨的境地。不要这样，快跑吧，宁可要野地里的自由，不要驯服的奴役。

（六）现在我们可以问，为什么说“雅各背着亚兰人拉班偷走了”，好像雅各不知道拉班是亚兰人似的？在这里这样说同样是有联系的。因为，“亚兰”的意思是“高地”。雅各，正在受训的那个理智，当他看到情欲在他面前匍匐，就等待着它的进攻，盘算着用强力将它制服。但他看见它高高在上，稳如磐石的时候，首先逃跑的是受训的理智，然后是所有隶属于它的各个部分，有阅读、思虑、膜拜，还有和高尚的理智相同的东西，自制以及对日常事务的排斥。他起身越过能把灵魂淹没在情欲中的感性对象的大河。然后，他面向那极高的高地，即完善的美德，“面向基列山行去”。这个名词的含义是“证人的迁移”，因为神让那个灵魂离开由拉班代表的情欲，并由此证明，迁移有极大的福益，可以使心灵离开邪恶，而邪恶使灵魂变得低劣，邪恶自己则攀上美德的高位。

由于这个原因，拉班发怒了。他是感觉的朋友，其行为由感觉而不是理智来规范。他追上雅各，问他："你为什么要暗暗地偷走"（创 31:26），而不是留下来享受，聆听那偏爱肉体和外在优秀事物的学说？你不仅逃避这种生活，而且带走了我最健全的感觉，即利亚和拉结。因为这些东西和灵魂在一起的时候产生美好的感觉，而一旦被移往别处，那就只能变成无知和无约束。这就是为什么他要说："你抢了我"（创 31:26），亦即你偷走了我美好的感觉。

（七）然后他接着解释他的美好感觉是什么，他说："你把我的女儿们带了去，如同用刀剑掳去的一般。……如果你告诉我，我会把她们送给你"（创 31:26）。但是你不会在它们相互争吵的时候把它们送走，[①]你若是真地要送走和释放那个灵魂，你会把所有这些属于肉体和感觉的声音从灵魂中剥去，以这种方式，把理智从恶欲中解放出来。但就像你做的那样，你说你准备给她自由，但你的行为表明你仍旧会把她囚禁。你若是用"唱歌、击鼓和弹琴"和适合这些感觉的快乐把她送走，你实际上并没有把她送走。因为，我们不只是从你那里逃跑，噢，拉班，肉体和色彩的朋友，而且也是在逃避所有你拥有的东西，包括那些与你的情欲和谐而歌的各种感觉的声音。是我们自己把自己变成某个样子。如果真的如此，让我们至死从事美德的训练。这种学习是绝对重要的，就像雅各也要学的一样，摧毁那些用金属铸造的外在于灵魂的诸神。摩西禁止人们铸造神像（利 19:4），这种行为是溶解美德和良好存在、构

① 相互争吵的东西指的是真正的"好生活"和由"唱歌、击鼓和弹琴"代表的低下的快乐。斐洛认为，这些东西会和那些被送走的东西一起离去。

造和赋予罪恶与情欲稳定性的一种方式，在铸造的时候，被融化的东西会重新稳定和变硬。

（八）我们从经上读到："他们就把外邦人的神像和他们耳朵上的环子，交给雅各；雅各都藏在示剑那里的橡树底下"（创 35:4）。这些是恶人的神。雅各没有接受它们，而是把它们收藏起来，销毁掉。无论从哪方面来看，这样做都是完全正确的。因为，优秀的人不会去作恶致富，但会把恶物偷藏起来，远离它们。同样，当所多玛国王狡诈地想要用无理性的东西交换有理性的东西，亦即用马换人的时候，亚伯兰说，凡是你的东西我都不拿，但是他要"伸展"他的灵魂的运作。摩西象征性地称之为他的"手"，向"至高的神"（创 14:22）。他不拿国王的东西，无论是"一根线"还是"一根鞋带"，这样可以使国王不会说他已经把财富送给了睁开眼睛的人，用贫乏换取美德的财富。情欲总是被隐蔽起来，置于示剑的看守之下。示剑这个名字的含义是"肩膀"，[1]因为他把辛劳加于快乐，便于严密看守快乐。而情欲在贤人那里消亡，不仅在某个短时间内，而是"乃至此日"，亦即永远如此。因为世界的整个时间是由"日子"来计量的，昼夜循环是一切时间的尺度。也是由于这个原因，雅各把肉体的和感官的东西作为一项特别的遗产赐予约瑟（创 48:22），[2]他为这些事操劳，而对公开赞美神的犹大，雅各没有赐予他什么礼物，而是给了他来自兄弟们的赞美（创 49:8）。雅各不是从神那里得到示剑，而是凭借"剑与弓"，亦即穿刺和抵挡。因

① 或"承担"，亦即"辛劳"。

② 《创世记》48 章 22 节，示剑在希伯来文中的意思是"肩膀"。

为，智者支配那些第二流的以及最初的对象，但在支配它们的时候并不保存它们，而是把它们赠给与之性情相符的人。你们难道没有留意那件关于诸神的事也是这样吗？雅各显然收下了神像，但他没有真正地接受它们，而是把它们藏起来，远离它们，永远“销毁”它们(参阅创35:4)。那么，是哪个灵魂成功地藏起邪恶，不让人看见的呢？岂不是那个神向它显现，认为它配得上知道神的奥秘的灵魂吗？因为神说：“我所要作的事，岂可瞒着亚伯拉罕呢？”(创18:17)。噢，救世主，你向那个渴望一切美好事物的心灵展示你自己的作品，这是最适当不过。这就是为什么它要猛烈地驱逐邪恶，总是隐藏和摧毁带来浩劫的情欲。

(九)那么，我们已经看到的那个把自己藏起来不见神的坏人以什么方式受到惩罚呢？先让我们考虑一下他藏在什么地方。经上说：“在园里的树木中”(创3:8)，指的是理智的中央，而理智又是灵魂圈子的中央。那个人从神那里逃离，在他自己的理智中躲藏。因此有两个理智：一个是宇宙理智，就是神；另一个是个人的理智。逃离自己理智的人在万物的理智中栖息。抛弃自己的理智的人承认，一切把人的理智立为标准的做法都是虚无的，一切都归于神。另一方面，那个逃离神的人宣称神不是万物产生的原因，而他自己是万物的原因。例如，有这样一种观点广泛流传：世界上的万物自然发生，独立于它们的指引者，人的理智自己建立了技艺、行业、法律、习俗以及如何正确对待人与动物的法令。这种观点或是从政府的角度或是从个人行为的角度来立论，个人是作为个别的人或是作为社团的成员。噢，我的灵魂呀，你明白两种观点的不同：一种观点不依赖具体的存在，亦即那被造的和可朽的理智，全心全意地投身于非创造的不朽的宇宙理智，求得庇护；另一种观点正相反，它拒斥神，犯下一个可悲的错误，它想要分享理智的福利，而这个理智甚至不足以帮助它自己。

（十）下面的话语是摩西立论的基础："人若遇见贼挖窟窿，把贼打了，以至于死，就不能为他有流血的罪。若太阳已经出来，就为他有流血的罪"（出 22:1、2）。因为，人若是避开坚实直立的帐篷去试验只属于神的无限力量，而在要进帐篷时又被发现，那么它是一个窃取他人物品的贼。这里出现的关于逾越的观念只是人自己的理智在起作用，而不是神在起作用。万物都归神所有，把任何东西归为己有的人都是在盗用他人的东西，会受到致命的打击，这就是自傲，与愚昧无知相近。摩西没有明显地提到那个打他的人，因为他无非就是那个被打的人，正好比给自己擦身的人也就是被擦的人，舒展身体的人也就是身体被舒展的人；因为对他自己来说，他既是主动的，又是被动的；既是用力者，又是其影响的承受者。所以，那个将神所有的东西窃归己有的人，也是在他自己的非虔诚和自我欺骗的推动下作出的恶行的牺牲品。他被人打死应当是一件好事。也就是说，他永远不能实现他的目的了，那么就罪恶较轻了。罪恶呈现自身，或静或动。行动中的罪恶是完全成熟的，欲将意向推向实现，所以它比静态的罪恶更坏。因而，幻想自己是万物存在之根源而神不是的那个理智死去了，亦即转为不活动状态，血腥的罪恶没有依附它；它没能完全取消那活生生的学说，把神规定为力量的总体的学说。但若太阳，亦即那明亮地照着我们的理智已经升起，那么它是有罪的，因为它必然会孕育出一个观念，认为自己能识别一切，决定一切，无物能够避开它的决定，它会

因为它毁坏了那活生生的学说而死去，那种学说承认神是唯一的原因。确实，它自己是无益的、垂死的，它来到世上只是创作那无生命的、凡俗的和错误的学说。

（十一）与此相一致，圣言对那暗中设立偶像的发出咒诅，这些东西或者是雕刻出来的，或者是铸造出来的，总之是工匠用手制作的（申 27:15）。噢，理智啊，为什么你要在自身中珍藏那些错误的观念，把神当作雕刻的偶像，以为神是用各种各样的材料做成的呢？神是没有种类的存在，神是不会朽坏的，而铸造出来的神像是有朽的。为什么你不把这些事情公之于世？你最终也会学到这些道理，向那些研习真理的人学习是你的责任。由于你掌握了无价值的诱导有教养的人的方法，你就幻想自己精通科学，然而却与真理为敌。这种科学证明自己并无科学，因为你拒绝治疗你的灵魂的无知病。

（十二）那个恶人在他竭力避开那存在的神的时候，沉醉于他那语无伦次的理智。这我们可从摩西的说话看到："把埃及人打死了，藏在沙土里"（出 2:12）。这表示他谈论的就是那个人，他认为肉体的事物优先，灵魂的事物无用，并把快乐当作生命的目的和目标。由于注意到埃及王给他加上的重担（参看出 2:11），摩西见到了神，而那个国王是邪恶的，情欲也跟随着他。他看那个埃及人殴打并粗暴地对待那个可见的人；他用整个灵魂左右观看，此时除了神无人在场，其它所有东西都在荒野中摇摆。在打了人以后，那个完全信赖快乐的爱恋者把埃及人隐藏在自己的理智中，这个理智是一堆毫无联系的谷粒，而不是美和高尚的结合统一。所以那个埃及人已经被他藏在自己身上了，但那个有骨气的人会离开他，在神那里安身。

(十三)因此他说:“神于是领他走到外边,说:‘你向天观看,数算众星’”(创15:5)。由于我们对美德的热爱是无止境的,我们会乐意接受一种全面的观点,但是我们没有能力度量神的富足。然而神喜爱赐予,他以这种方式告诉我们,为了他自己他已经在灵魂中播下种子,光彩夺目,充满意义,就像他在天上安置星辰。但是在“领出”这两个字的后面再加上“外面”不是多余的吗?因为有谁曾被领出到里面来呢?他的意思可能是这样的:神领他到最外面的空间,而不是只到许多外部空间中的一个,或者可被其它空间包容在内的空间。正好比我们的房屋,妇女居室的外面是男人的住房,中间有走廊,又好比院门在院子的外面,但在通道的里面;甚至灵魂也是这样,处在外面的某部分可以在另一部分的里面。我们必须把他的话理解为,神领着理智走到最外边。理智撇下肉体,但却逃进感觉,会得到什么好处呢?拒斥感觉而置身于言语的庇护下又有什么益处呢?因为理智应该被领出去,让它自由,摆脱事物的影响,肉体感官的需求,似是而非的论证,似乎有理的修辞学,最后摆脱它自己。

(十四)因此他在别处赞美说:“天上的神,大地的神,曾带领我离开父家的主”(创24:7)。寓居在肉体和凡人中的人要达到与神同在是不可能的;只有当神把他从这所监狱中救出来的时候,他才可能与神同在。因此,以撒,灵魂的喜悦,在他默想并与神独在时,也被引导着离开他自己和他的理智;因为经上说:“天将晚,以撒出来在田间默想”(创24:63)。是的,先知摩西的话语也说,“我一出城”,亦即那个灵魂(因为这也是那个给他律法和习俗的凡人的城)

“就要举手”(出 9:29),我要把我所做的一切给神看,请神作证,监督他们中的每一个人。罪恶由此不能隐藏自己,被迫去除一切伪装,暴露无遗。

当灵魂的所有言语和行动都完全诚实和像神了,感觉的声音就停止了,所有那些曾经折磨它的可恶的声音都停止了。因为,可见的东西召唤视觉于自身,声音召唤听觉于自身,香味召唤嗅觉于自身,感觉对象周围的东西都邀请感觉前来。但当理智离开灵魂之城,在神那里找到自己的行动目标和意向时,所有这些感觉都停止了。[①]

(十五)确实,“摩西的手发沉”(出 17:12);因为恶人的行为是轻浮的;智者的行为应当是沉重的,不可动摇的,不易摧毁的。所以,他们在亚伦里得平稳。“亚伦”的意思是“逻各斯”和“何珥”。[*]因此,这位先知的目的是用象征性的语言告诉你们,万物中最基本的东西,逻各斯和真理,使智者的行动坚定不移。因此,亚伦死的时候也就是他抵达完美的时候。他上了何珥山,何珥的意思是“光”(民 20:25);逻各斯的终点是真理,真理发出的光芒比光照得更远。逻各斯竭力想要追求的就是真理。

摩西从神那里得到帐棚,把它支搭得更加牢固。那智者把它当会幕,住在里面(出 33:7)。你们难道没有注意到那帐棚就是智慧吗?它不在肉体之中,而在肉体之外。摩西用行营象征肉体,营中充满战争以及战争造成的所有罪恶,这个地方没有一处是和平

① 此处仍然在讨论《出埃及记》9 章 29 节。

* “何珥”希伯来文原义是“光”,生命中没有比真理更明亮的光了。——中译注

的。“它被称作‘证言的帐棚’”，由神证明的智慧。是的，“每个人都认为主出到会幕那里”。这样说好极了。噢，理智哟，你们如果是在追求神，那么从你们自身中出来努力寻求吧；但如果你们仍旧处在肉体的沉重束缚之中，或者是在自我欺骗，像理智所熟悉的那样，那么你们尽管好像是在寻求，但并不是真地在寻求。你们的寻求是不确定的，在这种情况下你们怎么能找到神呢？对许多人来说，神并不向他们显现，他们的热情永远不会成功。然而，单纯的依赖自身的寻求已经足以使我们分有善的事物，因为它毕竟是一种追求高尚事物的努力，即使他们没能达到目标，在追求的过程中他们是快乐的。这样，那个回避美德躲避神的恶人在他自己的理智中隐身，这是一种可悲的对策；而那个摆脱自身，回归那唯一者的理智赢了这场高尚的比赛，成为无可非议的胜利者。

（十六）“主神呼唤亚当，并对他说：‘你在哪里？’”（创 3:9）为什么只呼唤亚当一人，而不呼唤他那藏起来的妻子？好吧，首先我们必须说，即便在当时的境况下被呼唤的也只是那个理智，是那个理智在受到责备，是它的缺陷受到检验。但是，受到呼唤的不仅有这个理智本身，也有它的所有能力。因为，如果没有这些能力，理智本身是赤裸裸的，甚至可以说是不存在的；感觉是其中的一种能力，它也就是那个女人。因此对亚当的呼唤包括对那个女人的呼唤，亚当就是那个理智，那个女人就是感觉。但是神没有专门召唤她。为什么呢？因为，感觉是非理性的，没有能力接受责备。视觉、听觉，或其它感觉都不能接受指导，所以感觉不能执行理解事物的功能。神造出感觉来只使它能够区别物体的形式。但是那个理智能接受指导，这就是为什么神向它提出责问，而不向感觉提出责问。

（十七）"你在那里"（希腊文"pou ei"）这句话可以作多种解释。第一种解释，不当作疑问句而当作陈述句，相当于说"你在某个地方"，"pou"上面有抑音符号。因为你以为神在园中行走，被园子包容在内。在你这样想的时候你以为神就像你们中间的某些东西，你可以听到神口中发出的声音。但事实上，神不在某处（因为神不被他物包容，而神包容宇宙），但生成的东西要在某处，对它来说，它必须被包容，而不是包容他物。

第二种解释是这样的：这句话相当于"噢，灵魂，你到达了哪里？"在这块善地上，你为自己选了什么样的恶果？当神请你分有美德时，你却追求邪恶；当神让你享用生命树，亦即智慧之树，靠它你能拥有生命力的时候，你却贪食无知和腐败，宁愿接受灵魂可悲的死亡而不要真正的生命的幸福，不是吗？

第三，把这句话作问句理解，但对这个问句可作两种回答。一种回答是"无处可在"，因为恶人的灵魂无处可以安身，无处可以居住。正因为如此，恶人被说成是没有固定位置的。"无固定位置"这个短语表示反对定位（任何意义上的）这种罪恶。这就是那些恶人为什么总是无休止的，不稳定的，像一阵风，随意飘游，从不遵循任何原则的原因。另一种回答是，亚当实际上已经作出的回答。"听到我的地方"；就是那些不能看见神的人的地方；那些不愿聆听神的话语的人的地方；那些回避万物之创造者的人的地方；那些回避美德的人的地方；那些没有智慧的人的地方；那些因灵魂懦弱胆怯而生活在恐惧和颤抖中的人的地方。因为亚当说："我在园中听到你的声音，我就害怕；因为我赤身露体，我便藏了"（创 3：10）。

他认识了刚才说过的这些品质，也就是我在前面充分叙述过的那些。

（十八）不管怎样，亚当现在不赤身露体了，稍后一些地方出现了这样的话，“他们为自己做衣服穿”。即使在这里，先知也是想要教导你们，他说的赤裸不是肉体而是灵魂，是灵魂的无供养，没有用美德包裹。

“那人说：‘你所赐给我，与我一起的那个女人，她把那树上的果子给我，我就吃了。’”（创 3:12）很好，他没有说，“你赐给我的那个女人”，而是说“与我一起的”；因为赐给我并不表示它是我的所有物，神也给了它自由和任意，在某些方面并不服从我的理智的训令。例如，即使理智不让视觉看，但视觉无论如何总会看见它面前的东西。听觉也一样，即使理智命令它不要去听，只要有声音来到，听觉一定会让它进入。至于嗅觉，当气味找到进入的通道时，即使理智禁止嗅觉欢迎它们，嗅觉仍会闻到气味。因此，神没有把感觉赐予人，而只是让它与人在一起。“在一起”的意思是这样的：感觉和我们的理智一起觉察到各种事物。例如，可见的物体同时被视觉和理智注意到；眼睛看到物体，同时理智又接纳被眼睛看到的东西，觉察到它是黑的、白的、黄的、红的、三角的、方的、圆的，或别的颜色和形状。又如听觉承受到声音的印象，理智与听觉同在；为了证明听觉的行为，理智马上判别声音，确定它是弱的、强的、和谐的、有节奏的，或正好相反，是不和谐的、杂乱的。我们看到其它感觉也都是这种情况。“她把那树上的果子给我”，这些词加得极好。因为，除了感觉，没有其它东西可以给理智那棵树的感觉。是谁使理智有可能认识物体或识别它的白色？难道不是视觉吗？是

谁把声音给了理智？不是听觉吗？是谁把气味给了理智？不是嗅觉吗？是谁把滋味给了理智？不是味觉吗？是谁使理智知道粗糙和柔软？不是触觉吗？只有感觉能给我察觉物体的机会。理智这样说是千真万确的。

（十九）“神对女人说：‘你作的是什么事呢？’女人说：‘那蛇引诱我，我就吃了’”（创 3:13）。在这里，神对感觉提问，但她答非所问。因为，神的问题是关于那个男人的，而她的回答没有提到那个男人，只涉及她自己。她的回答是“我吃了”，而不是“我给”。然而，如果我们按象征意义理解这段话，这个谜就可能解开，我们可以看到那个女人对问题的回答是贴切的。因为，她在吃的时候，那个男人必然也会吃。当感觉与感性物体相会被物体的印象所充满时，理智也在接触和获取，并以某种方式汲收它提供的营养。她的回答意思是，我给那男人吃并非出于我的意愿，因为每当我接触到那个物体，他就会接受到影像和他自己得出的印象，他的行动是非常敏捷的。

（二十）现在我们注意到，那个男人说是那个女人给的，那个女人不是说是那条蛇在给，而是说它诈骗。因为给予是感觉的特点，但引诱和欺骗是快乐的特点，因为它像蛇一般。例如，感觉真实地给理智白、黑、热和冷，没有欺骗。按大多数不把他们的自然哲学的定律理解得过头的人的看法，物体就是眼睛看到的那个样子。但是，快乐并不按物体的实际状况向理智报告，而是歪曲它，把无益的东西表现为有益的，甚至就像可恶的妓女在脸上涂脂抹粉以掩盖她们的丑恶。我们也能注意到，无节制的男人喜欢暴饮暴食，喜爱大量的烈酒、丰盛的宴席，尽管这些东西对身体和灵魂都有害无益。我们还可以看到，那些堕入情网的男人，常常对丑陋的女人爱得发狂，是快乐欺骗了他们；你几乎也可以说，虽然这有的特征全与美相反，但快乐却可以欺骗他，而令他们觉得有美丽的外貌和颜色、丰满和匀称。他们确实忽略了那些真正的完美无瑕的美，而倾心于我提到的那些女人。所有圆满的欺骗都适合于快乐，而给予是感觉的特征；快乐欺骗引诱理智，不向它显示事物的真实面貌，而是给它虚假的东西，而感觉只给予事物本来的形式，没有诡计和伪造。

（二十一）"主神对蛇说：'你既作了这事，就必受咒诅，比一切的牲畜更甚；你必用肚子行走，终身吃土。我又要叫你和女人彼此为仇；你的后裔和女人的后裔，也彼此为仇。女人的后裔要伤你的头，你要伤他的脚跟'"（创 3:14、15）。神为什么咒诅蛇而不给它辩护的机会，尽管在别的地方他似乎合理地给出戒令，"两个争讼的人应该站在审判官面前"（申 19:17），在未听取一方的证词之前，不应轻信另一方。无疑，你看到，神没有轻信亚当而对那个女人有偏见，而是给她机会为自己辩护。他问："你作的是什么事呢？"（创 3:13），而那个女人承认自己错了，因为像蛇一样精明的快乐引诱了她。然而，当那个女人说"那蛇引诱我"的时候，阻碍神的查讯的东西在这里也来自那条蛇。是那条蛇引诱她，还是神没有听取任何证词就片面地发出咒诅？我们必须说，那个感觉的出现既非恶也非善，而是一种对智者和傻瓜都一样的中性的东西。当它发现自己在一个傻瓜身上，它就是恶；当它在一个智者身上，它就是善。由于它本身没有恶的性质，而是介于善与恶之间的东西，它可以倾向于任何一方，因此在它没有追随邪恶之前不应当被判定有罪。但是那条蛇，快乐，本身是恶的，因此在善人身上找不到它，而恶人自己从蛇那里获得所有的伤害。神这样做是非常适当的；他发出咒诅，而不给快乐以任何辩护的机会，因为在她身上不会产出任何能有美德的后裔，她在任何地方总是罪恶和愚蠢的。

（二十二）在珥的例子中，也是由于这个原因，神知道他是个恶人，没有公开审判他就叫他死了（创 38:7）。神非常清楚，那个肉体，我们的"皮"囊（珥的意思是皮的）是恶的，是谋反灵魂的；甚至是个尸体，是死物。你们必须弄清楚，我们每个人除了是个尸体的负荷者外，什么也不是。身体本身是个尸体，灵魂升天而无需再承担身体的重负。如果你愿意的话，你们会注意到灵魂是多么坚强。大多数最强壮的运动员都不能片刻举起他自己的塑像，但是灵魂能在某段时间里，例如一百年，轻松地举起人的塑像而不困乏；因为神不是现在（终于）杀了珥；不是的，而是神创造出来的由珥代表的身体从一开始就是一具僵尸。如我所说，它本质上是邪恶的，是灵魂的谋反者，但它并非对所有人都显得如此，而只是对神，对任何畏神的人显得如此；因为我们读到，"珥在主的眼中看为恶"。当理智向上高飞，被引进主的神秘中时，它判决身体是罪恶的、敌对的；但当理智放弃了对神圣事物的考察，它就把身体当作朋友、同胞或兄弟。理智对身体的亲近就证明了这一点。关于这一点，运动员的灵魂和哲学家的灵魂有一个区别。运动员关心对身体有利的每件事，是身体的爱恋者，会把灵魂本身献给身体；而哲学家被高尚的事物所武装，关注灵魂而对那实际上是僵尸的身体漠不关心，只关心他最优秀的部分，灵魂，是否会受到与之相连的罪恶的僵尸的伤害。

(二十三)你们看到珥不是主杀的,而是神杀的。因为不是作为统治者和总督在运用君主的绝对权力摧毁,而是在实施善和恩慈。因为“神”是贯穿于第一因的善的名字,这样的用法使你们可以知道他不是用权威而是用善创造了无生命的东西,正如也用善创造了生物。必须这样看问题,高级事物中清楚地显现的东西也应存在于低级事物的创造之中,也归因于同一力量,归因于第一因的善。这个善就是神。

那么,灵魂哟,什么时候你才能充分明白你是一个肉体的负荷者?不是在你圆满无缺,可以赢得赏赐和冠冕的时候吗?因为那个时候你不再是肉体的爱恋者,而是神的爱恋者。如果犹大的媳妇成了你的妻子,就是他玛,意思是棕榈枝,胜利的象征。这里有一个证明。当珥与她结婚,马上就被发现是邪恶的,被处死了。我们读到:“犹大为长子珥娶妻,名叫他玛”(创 38:6),下面的话是:“珥在主面前是恶的,神杀了他”(创 38:7)。因为,当理智携带着胜利的奖品时,它判处身体死刑。你们看到神咒诅蛇,不让它有辩解的机会,因为它是快乐;神也杀了珥而不公开审判他,因为他是肉体。我的朋友,如果你们进一步思考,就会发现在灵魂里有某些本性造得有缺陷,但有某些本性在所有方面都极为优秀,值得赞扬;植物和动物就是这样。你们难道没有看到造物主把有些植物造得适宜种植,它们是有用的,有益的,而另一些则是野生的,有害的,是制造疾病和带来毁灭的东西?动物的情况也一样。无疑,蛇,我们现在讨论的主题,也是神创造的,因为这种动物本身就是健康和生命的毁灭者。蛇对人做的事就是快乐对灵魂做的事,因此蛇被用来代表快乐。

（二十四）那么，确实就像神构想出对快乐和身体的憎恶而不说明理由那样，快乐也无任何理由地促进良好的性质，它在赞扬它们的时候宣称它们的任何行为都是不可接受的。每个人都会问，为什么这位先知说挪亚在主神眼前蒙恩（参阅创 6:8）。据我们所知，此时他还没有做出什么功绩。对此我们应当提出适当的回答：他被说成是从出世便具有优秀品质的人，因为挪亚的意思是"静止"或"公正的"。但这表明只有他没有罪行和不义，他依靠的是高尚的东西，与公义同生活，这样才得到神的喜爱。得到喜爱并非如某些人所假设的那样只是得到欢心，而是另外一类东西。这个义人探讨了存在物的性质，得到了一个惊人的发现，万物都是神的恩典，被创造的东西并无恩典可言，因为创造物本身没有自己的财产，万物都归神所有，也正因为此，恩典就像神的一种所有物，只属于神。这样对那些问创世的根源是什么应当这样回答，创世的根源是善和神的恩典，神把恩典赐给站立在身后的那个种族。世上万物和世界本身都是神的恩慈和恩赐。

（二十五）使麦基洗德成为和平之王和他自己的祭司的也是神，"撒冷"的意思就是和平及自己的祭司（创 14:18）。神没有事先塑造出麦基洗德的任何行为，但使他一开始就是这样一位国王。他是和平的，配得上做自己的祭司。他被称为"公义之王"，与暴君相反；一个是立法者，另一个则是无法无天的。所以理智是个暴君，它给灵魂和肉体都颁布了严厉的和有害的法令，产生极大的悲哀，我指的是那些罪恶的怂恿和情欲的自由放纵。但是那个国王首先诉诸劝勉而非法令，然后才发布指令使那个器皿，我指的是人，能顺利地进行生命的航程，能由一位好舵手掌舵，它就是正确的原则。* 因此，让我们把那个暴君称作战争的统治者，而把那位国王称作和平的君主、公义之王，让他给灵魂提供欢乐作食粮。他带来面包和酒，这些是亚扪人和摩押人拒绝提供给他们看见的人，因此被逐出神的会。亚扪人的本性源于他们的母亲，感觉；摩押人的本性源于他们的父亲，理智。他们认为万物均附着于两样东西：理智和感觉，对神则不加考虑。摩西说"他们不能入主的会"，因为当我们摆脱埃及的情欲时，"他们没有拿食物和水来迎接我们"（申23:3、4）。

（二十六）让麦基洗德以酒代水，给灵魂浓酒，那么它们可能被一种神圣的陶醉所捕获，比清醒本身还要清醒。因为他是一个祭司，即是逻各斯，在神里有一份儿。他的所有关于神的思想都是高尚的、伟大的和精密的；因为他是至高神的祭司（创 14:18），天上地下唯有他是神，除他之外，再无别神（申 4:39）。但是想像神不能用低劣的世俗的方式，而要用崇高的语言，例如，超越其它一切伟大的，摆脱一切物质形式的想像可以构成我们关于至高神的形象。

（二十七）亚伯兰做了什么善事使他能得到神谕，离开本地、本族、父家，住到神应许他的地方去？（创 12:1）那是一座大城，美丽而繁荣。伟大和宝贵是神的恩赐。但神也在一定程度上创造出尊敬的美德，因为"亚伯兰"的字义是"崇高的父亲"，父亲和崇高这名字都值得赞美。理智不是像个主人那样威胁灵魂，而是像个父亲那样进行统治，不是给它喜欢的东西，而是不管它是否愿意给它有

---

* 希腊文逻各斯。——中译注

益的东西；当偏离了低劣的东西和所有把它拉向凡俗的事物时，它升腾入云，把时间用于思考宇宙和宇宙的不同部分；它在进一步高升的时候，在一种不可动摇的对知识的热爱的推动下探讨神和神性，它不能继续款待原先汲取的原则，但它要进一步改善自己，要寻找一个更好的居所。

（二十八）甚至在有些人出世之前，神就已经给了他们善的形式和装备，并决定他们会有最优秀的财产。你们难道没有看到，当神允诺亚伯兰会得到以撒这个儿子的时候，亚伯兰不相信他能当父亲。他实际上对神的允诺发笑，说："一百岁的人，还能得孩子吗？撒拉已经九十岁了，还能生养吗？"（创 17:17）神用下面的话予以证实："是的，你妻子撒拉要给你生一个儿子，你要给他起名叫以撒，我要与他坚定所立的约，作他后裔永远的约"（创 17:19）。那么，是什么使这个人在出生前就受赞美呢？某些好东西在到我们手里或显现的时候才对我们有益，例如健康，身体意义上的优秀，可能还有财富和名誉，因为在广义上它们也可以被称作好东西；有些东西不仅在它们来到时，而且在它们的到来被预言的时候也对我们有益。例如欢乐，灵魂的一种快乐状态，不仅在它出现和进行主动的作用时，而且在它还是一个期待的对象时就能带来先行的欢快。这又是它拥有的一个特点。其他好东西只以它们自身独特的善发挥作用，而欢乐既是一种具体的善，又是一种普遍的善。让我们来看看它怎样增添和丰富其他所有具体的善。我们为健康、自由、荣誉以及其他好东西而感到欢乐，所以我们真诚地说，除非欢乐附着于它，无物是好的。但我们为其他好东西而感到欢乐，不仅是在它们已经来到我们面前，或已经呈现在我们面前，而

且也在我们对将来的期盼之中感到欢乐，就好比我们希望会发财、升官、获奖，或将要找到治愈疾病的办法，或将能得到健康和气力，或将不再无知而成为有知识的人，我们的欢乐是无止境的。正因为欢乐不仅是在显现时，而且也在期待中，所以灵魂充满欢乐。神在以撒出生之前就确定他配得上他的伟大的名字，因而也使他蒙大恩，因为以撒的字义是灵魂的欢笑、欢乐和高兴。

（二十九）再来看雅各和以扫，当他们还在母腹中时，神就宣布雅各是统治者、领导和主人，而以扫是部属和奴隶。因为生灵的造物主神甚至在他尚未完全雕凿出他的作品和使之完善之前，就非常清楚他们的差异和他们晚些时候会表现出来的能力；一句话，即他们的行为和经历。所以，当利百加，那期盼神的灵魂，去求问神的时候，神对她说："两国在你腹中，两族要从你身上出来；这族必强于那族，将来大的要服事小的"（创 25：23）。在神的判定中，低劣的和非理性的依其本性就是奴隶；而那具有优秀品质的和被赐予理性的则是王公贵族和自由人。不仅当灵魂完全成熟时是这样，甚至当它们的生长还不确定时也是这样。这在任何情况下都是适用的，甚至一缕美德的喘息也表明它不单只是自由的，而且还是统治者的和君主的。另一方面，恶的最平常的开端也是理性能力的奴隶，即使它的产物还没有充分显露。

（三十）约瑟带着他的两个儿子，长子玛拿西和次子以法莲，去见雅各。雅各剪搭双手，把右手按在次子以法莲的头上，而把左手按在长子玛拿西的头上。约瑟感到不悦，以为他的父亲无意中犯了错误，把手按错了。雅各说这样按没错："我知道，我儿，我知道，他也必成一族，也必昌大，只是他的兄弟将来比他还大"（创 48：

19)。是谁让这同一个雅各这样说的呢？我们必须说，他们不就是两种由神在灵魂中造就的极为必需的能力，记忆和回忆吗？两者中，记忆是较好的，回忆是较差的。因为前者使被察觉的一切都保持新鲜和清晰，因此不会因为无知而犯错误，而回忆在各种情况下都以遗忘为前导，是残缺的，盲目的。但是较差的那个回忆却比较好的记忆要年长；回忆有许多遗忘的空白，而记忆是不间断的，无残缺的。当我们一开始学习各种艺术的时候，我们不能马上掌握它们的原则，所以在起步时一定会有所遗忘，然后我们进行回忆。这样反复进行遗忘和回忆，结果是准确无误的记忆获胜。因此记忆是后生的，是塑造为回忆的弟妹。所以，以法莲是记忆的象征性名字，字义是“结果实的”，学者的灵魂在它能够用记忆去稳妥地把握所学的艺术的原则时会产出适当的果实。然而，玛拿西代表回忆，因为这个名字据说是表示“摆脱遗忘”，要想摆脱遗忘必须回忆。因此，雅各这个情欲的推翻者和训练有素的美德追求者，极为正确地把他的右手按在作为有成果的记忆的以法莲的头上，而认为玛拿西，回忆，只配第二位。再说另一件事。摩西也特别称赞那些逾越节献祭者中第一批来献祭的人，[①]因为他们穿越红海，一直不停地走，与埃及的情欲割断联系，不再追求它们；而对那些第二批来献祭的人，[②]他给他们次一等的地位，因为他们后来又重蹈覆辙，忘了他们的职责，重新堕入情欲，而先前那批献祭者坚定不悔。所以，出自“摆脱遗忘”的玛拿西与那些第二批献祭的人对应，结果

① 亦即“在第一个月”。

② 亦即“在第二个月”。

实的以法莲与那些第一批献祭者对应(参阅民 9:6 以下)。

(三十一)此外,这是神提以撒列的名召他的原因。神说他已经给以撒列智慧和知识,他要让以撒列为主制作会幕中的一切器具,那是灵魂的工作(参阅出 31:2 以下)。尽管到那时为止,神还没有指派过什么工作给他,以撒列也没有什么作为值得神这样器重。我们必须说,此处我们也得到了一个神在灵魂上打上烙印的例子,就像检验硬币一般。要知道那是什么烙印,我们先要弄清这个名字的准确含义。以撒列的字义是"在神的影子中"。然而,神的影子是他的逻各斯,以它为工具,神造出世界来。但是这个影子以及可以说成是代表的东西是后来创世的原型。正好比神是形象的原型,我们刚把这个形象称作影子,即便如此,这个形象成为其它存在物的原型,如先知在立法之初就清楚地说:"神就照着自己的形象造人"(创 1:27)。这句话的含意是,那形象被造出来代表神,而当形象获得原型的能力时,那个人被按照形象造出来。

(三十二)现在让我们来看那个形象的性质。最初人想寻找构想神的办法。然后那些最具哲学声誉的人宣称我们从这个世界,从它的组成部分,从存在于它们之中的力获得对第一因的理解。看到一所精心修造的住宅,有入口、走廊、男舍、女舍以及其它建筑物,人就能得到有关建筑师的概念,因为他会想如果没有匠人的技艺,那住宅绝不能完工。若以城市、船舶以及任何或大或小的建筑为例,莫不如此。正因如此,任何人来到这个像是一座巨大住宅或城市的世界,看到环绕的苍穹及其包容的万物,看到按照富有韵律的和谐轨道运行的行星和纹丝不动的恒星,看到处在被赋予中心位置的大地,看到水和空气按既定秩序流动构成大地的疆界,看到大地上、水里头有朽的和不朽的生灵，和无数的植物和动物；看到所有这一切，他一定会说，没有完美的技艺绝不可能造出这个世界。但是，创造这整个宇宙的造物主是神。那些把他们的推论建立在眼前可见事物基础之上的人，通过影子投射的方法来理解神，通过神的作品来察觉这位创造者。

（三十三）有一个更加完善、更加洁净的理智已经被接纳到伟大的奥秘中去。它不是从被创造的事物那里获得关于第一因的知识，就像人们可以从影子中了解到本质，而是抬头向上看，从中获得那不是被造的唯一者的清晰形象，从神那里领悟到神和神的影子。我们看到，那就是领悟到逻各斯和这个世界。我说的这个理智就是摩西，他说："求你将你的道指示我，使我可以认识你"（出33:13）；"我不要通过天、地、水、气或任何其它被造的东西来认识你，我也不要通过你的影像认识你，因为在被造事物中的影像已经消解了，而那些在非创造者之中的影像是联续的、常在的、确定的和永恒的"。这就是为什么神要提摩西的名，要与他说话的原因。他也提以撒列的名，但方式不同。摩西从第一因那里直接得到神的清晰的影像。另一个察觉的是造物的工匠，他的察觉通过推理的过程来自被造物。因此你们会发现，会幕及里面的所有器具开始都是由摩西制造出来的，然后才由以撒列制作，因为摩西是制造原型的工匠，而以撒列在仿制它们。摩西有神作引介，神说，"你要谨慎作这些物件，都要照着在山上指示你的样式"（出25:40）；而以撒列是由摩西指点的。所有这些都正是我们所能期待的。因为在亚伦和米利暗反叛的时候，亚伦是言语，米利暗是知觉，神直接对他们说："若有先知站在主面前，神会在异象中向他显现"，或是

以不清晰的影子向他显现；但对摩西来说，“他是在我全家尽忠的。我要与他面对面说话，乃是明说，不用谜语”（民 12:6－8）。

（三十四）这样我们已经发现了两种性质，它们是神的双手制作、塑造和雕刻成型的。一个是本质上有害的、应受谴责的和该咒诅的，另一个是有益的和应受赞美的。神给一个打上赝品的记号，给另一个打上真正的印记。让我们作一高尚而又适宜的赞美，这是摩西说的：“神为我们开天上的府库”（申 28:12），精妙与神圣的光婚配孕育的逻各斯，神把这光称作“天”；这样他就可以关闭恶物的府库。神那里既有善的府库，又有恶的府库；他在那首伟大的颂歌[①]中说：“这不都是积蓄在我这里，封锁在我府库中吗？他们失脚的时候，伸冤报应在我”（申 32:34、35）。你们看，恶物的府库是有的。善物的府库是一，因为神是一，同理也只有一个善的府库。但是恶物有许多府库，因为罪恶不计其数。但这里也可以看出神的善。他打开善物的府库，封闭恶物的府库。保存善物和馈赠善物，但延缓对罪恶的惩罚，这正是神的特征。但是摩西夸大了神的慷慨馈赠，说恶物的府库被封闭，不仅在其他时间，而且也在灵魂没能指引双脚保持正确的原则[*]的时候，然而在这种时候，它的行为当然该受惩罚。因为他说恶的府库在复仇之日被封闭，这只是表明神圣的逻各斯并不像神那样马上给那些恶人以报应，而是给他们时间悔改，治疗那些失脚的人，使他们能够重新行走。

（三十五）“主神对蛇说：你必受咒诅，比一切的牲畜野兽更甚”

① 斐洛常称《申命记》32 章为颂歌。

* 原则的希腊文是“逻各斯”。——中译注

(创 3:14)。恰如欢乐,作为灵魂的一种良好境况,该受祈祷;快乐,即与欢乐类似的情欲,该受咒诅,因为它转变了灵魂的标准,使它降格为情欲的恋人而不是美德的恋人。摩西说:“挪移邻舍地界的,必受咒诅!”(申 27:17)神把生命树立为灵魂美德的地界和律法,而那个人挪移这个地界,代之以死亡之树——恶。“使瞎子走差路的,必受咒诅!”(申 27:18)“暗中杀人的,必受咒诅!”(申 27:24)这些恶行都是无法无天的快乐的作为。感觉本身是盲目的,因而也是非理性的。只有理智才可打开视线,因此,只有与理智一起时,我们才可以察觉事物。感觉不能把我们带多远,因为依靠感觉我们只得到关于事物的物体形式的印象。所以快乐获取的是受骗的、可怜的和残缺不全的知觉,但它却要担当理智的驭手,把理智引向只能看到外表的东西,引向能产生快乐的地方。最后那个残缺不全的感觉也追随它的盲目指引,趋向感觉能感受的东西。理智在它们的盲目指导下会跌翻在地,失去自我控制能力。即使有其他与之相应的东西,他也会义不容辞地追随有自己眼睛但已能力不全的理性能力,以为这样就会减轻已有的伤害。然而,快乐已经组织了这种诡计反对灵魂,迫使灵魂雇佣盲目的向导,用诡计诱惑灵魂改善从恶,放弃自身的清白而代之以邪恶。

(三十六)这种交换是圣灵禁止的。“不可用坏换好”(利 27:33)。

必受咒诅的就是快乐。我们来看神对它的咒诅是多么恰当。他说这个咒诅比一切牲畜更甚(创 3:14)。这里牲畜就是我们的非理性的感觉能力,我们的每一种感觉都要把快乐当作最致命的敌人来咒诅,因为它确实与感觉为敌。事实证明,当我们沉溺于无节制的快乐之中时，我们不能清楚地看、听、闻和尝，我们与对象的接触是模糊的，微弱的。当我们停止沉溺于快乐时，我们就能体验到这一点。但若我们仍在享受它提供的东西，我们自己就被完全剥夺了通过诸感觉的合作取得的依据，到这个时候，我们就好像残废了。因此，感觉不是完全应该咒诅使它残废的快乐吗？

（三十七）这咒诅也甚于一切野兽。野兽指的是灵魂的情欲，因为理智是被它们伤害和摧毁的。那么，为什么快乐比其他情欲更甚？我们可以说，它位于所有情欲的底部，就像是它们的起点或基础。淫欲通过对快乐的爱恋而产生；痛苦出于快乐退缩之时；恐惧的形成也是因为担心失去快乐。显然，所有情欲都依赖快乐，若是最初没有它们的产物即快乐作抵押，它们或许根本就不会形成。

（三十八）“你必用肚子行走”（创 3:14）。因为情欲在身体的这些部分，胸部和腹部，有它的巢穴。当快乐需要能产生快感的某些东西时，它就缠住肚子和肚子以下的部分。但当它失去这些东西时，它就占据胸膛，那是愤怒的处所；因为快乐的爱恋者被剥夺快乐就变得痛苦和愤怒。让我们继续更加仔细地注意它的象征意义。我们的灵魂由三个部分组成，一部分是理性，另一部分是感情，第三部分是欲望。某些哲学家按功能区分这些部分，有些也提到它们占据的部分。他们还说理性部分位于头部，那是国王的位置，也还有他的卫士，头部的感觉是灵魂的卫士。还有，那个国王的地方一定也有供他自己居住的地方，像城市中的堡垒。他们把胸部划给感情的部分，说自然把坚定性给了那部分，给它安上了一排排强硬的骨头，这样它就被武装成身着胄甲抗击敌人的优秀士兵。他们把肚腹划给灵魂的欲望部分，因为淫欲和非理性的渴求，都在那里安家。

（三十九）噢，理智哟，如果你想知道快乐的处所在哪里，请不要考虑头部，那是理性能力的地方，在那里你肯定找不到它，因为理性是情欲的敌人，不能与之合居一室。理性一占上风，情欲就退却；快乐一征服对手，理性就被流放。我们应该到胸部和腹部去找，那是非理性的部分，是感情和欲望所在之处；这些部分有和我们的选择能力相似的东西和情欲。没有什么东西能阻止理智放弃与之适应的纯理智的兴趣，而去迁就比较低级的东西。这种情况出现在灵魂盛行战争之时；我们的理性在这种时候不是一个好战者，而是一个和平的居民，所以它只能成为战争的俘虏。

（四十）现在我们再来看，神圣的逻各斯知道高尚的精神、感情或情欲的动力有多么强，于是给它们各自装上勒马链，而任命理性作驭手或舵手。这里首先要提到的是感情，目的在于治愈它。“你们要将‘显示’和‘真理’放在决断的胸牌里，亚伦进入主面前的圣地的时候，要带在胸前”（出 28：30）。这个胸牌就是说出来的话，位于我们的发声器官，既可以是任意说出来的，又可以是审慎地批准了的。但是神圣的作者正在引导我们判别和明察说出来的言词，因为他告诉我们那个胸牌不是未经检验的或伪造的，而是“决断的胸牌”，这个说法与“仔细检验过的”是同一个意思。他说这种决断过的话起码有两种属性：明晰与真实。他的看法非常正确，因为理性一开始并不能做到明晰，我们没有能力展示灵魂里出现的由外在的东西引起的感情，也不能表达这些东西的性质。

（四十一）因而我们被迫重新处理这些由言语提供的符号，名词和动词当然一定是理性的，以便使别人可以明了我们的意思，不会误解。(这是理性的第一个机能不全的地方。)第二,它不能真实地报告事物。因为它如果在别的方面有错误,又怎能作出清晰的表述呢?在这种状况下,听者必然受骗,产生极大的误解,不仅是无知,而且是受骗买进了便宜货。我若是指着字母"阿尔法"(alpha)对一个儿童清晰地说,这是"伽玛"(gamma),或是指着"埃塔"(eta)对他说这是"欧美伽"(omega),对他会产生什么结果?又比如一个音乐教师指着不和谐的音调告诉初学者说,这是半音阶的,或者把半音阶说成全音阶,把高音符说成是中音符,把连续音阶说成是不连续的四度音阶,把四度音阶的最高音说成是最低音,那会产生什么结果呢?他们可以清晰地表述,但不真实。在这种情况下,他们是作恶者,这种恶是言语之恶。但若他能做到两个要求,既清晰又真实,就能给儿童带来言语的益处,让言语的两个美德都起作用,它们也可能是言语仅有的美德。

(四十二)那么,这里要说的是,被检验的言语有自己独特的美德,它被放在胸部(亦即亚伦的胸部),在感情成分里。在那里,首先,它可以得到理性的指引,而不被它自己的非理性所伤害;其次,它被安放在清晰之傍,愤怒的性质不会成为清晰的朋友。我们难道看不到那些愤怒的人不仅理智不清而且言语混乱吗?因此,缺乏清晰的愤怒应当通过清晰来矫正。第三,它必须由真实来指引,因为愤怒会有许多谬误,与之相伴的是谎言,这也是它的特点。人们都知道,屈服于这种情欲的人很难说实话。他们不是肉体陶醉的牺牲品,而是灵魂陶醉的牺牲品。理性、言语的清晰和言语的真实是愤怒的解毒剂。这三者本质上是同一的,理性由清晰和真实这两种美德相伴,可以治疗愤怒这种灵魂的重病。

（四十三）那么与此相应的是谁呢？它与我的理智无关，也和以后的任何事情无关。它只和执行祭司职责和纯洁地献祭相关，那就是亚伦。甚至也并非总是这样，它在许多时候会有转折和失误，只有当理性能力持续下去，进入圣所与神圣的决断在一起而不放弃的时候才是这样。理智极为经常地带着那些高尚纯洁的意见进入圣所，但这些只是凡人的意见，它们涉及的是简单的责任、高标准的行为、凡人法规的运用、与凡人准则一致的美德。甚至亚伦在这样的情况下也不足以在拥有这些属于它的美德的胸前带那块胸牌，但他是唯一进入主的视线之中的人，这就是说，他只为神做事，而忽略那些比神次要的东西。他并不需要停止做凡人要做的事，而是要努力认识他自己和认识那唯一者，增多那唯一者的荣光。因为在这种情况下，他会拥有洁净了的理性驾驭的精神性的成分，能使自身非理性的东西消亡，依靠清晰去治愈所有不确定的和混乱的东西，依靠真实去消除虚假。

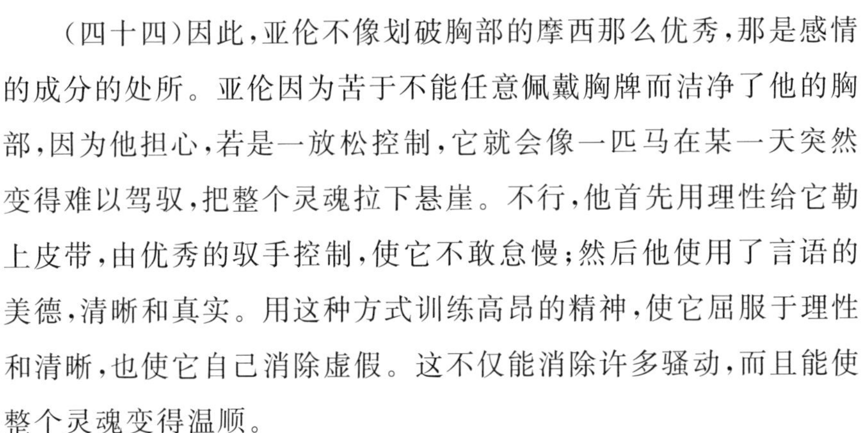

（四十四）因此，亚伦不像划破胸部的摩西那么优秀，那是感情的成分的处所。亚伦因为苦于不能任意佩戴胸牌而洁净了他的胸部，因为他担心，若是一放松控制，它就会像一匹马在某一天突然变得难以驾驭，把整个灵魂拉下悬崖。不行，他首先用理性给它勒上皮带，由优秀的驭手控制，使它不敢怠慢；然后他使用了言语的美德，清晰和真实。用这种方式训练高昂的精神，使它屈服于理性和清晰，也使它自己消除虚假。这不仅能消除许多骚动，而且能使整个灵魂变得温顺。

（四十五）如我上述，有这种情欲的亚伦想用已经提到过的这些良药来治愈它，而摩西认为必须用刀子完全割除愤怒的部位以洁净灵魂，因为没有一种节制情欲的方法可以使他满意；他只想完全消除情欲。《圣经》证明我这样说是对的。经上说："摩西拿羊的胸作为插祭，在主面前插一插，是承接圣职之礼，归摩西的分"（利8:29）。好极了，因为这就是那个热爱美德而又为神所钟爱的人所做的事，思考整个灵魂以后抓住那个胸部，亦即感情的成分，把它割除，消除这个好战的部分，使其它部分能够和平。这个胸部不是从这双或那双牲畜身上、而是从那只献祭的公羊身上割下来的，尽管祭品中也有一只小母牛。但他从小母牛旁走过，朝那只公羊走去，因为它充满斗志，喜欢打架，当然就成了受打击的目标。正因如此，工匠用公羊的头装饰许多战争用具。我们身上与公羊相似的是那不顾一切的争吵；争吵是愤怒之母；同理，那些最喜欢在辩论或其它集会中争吵的人最容易发脾气。所以摩西必须割除这个喜爱争吵打架的愤怒，这个灵魂的不和的产物。这样做可以使她停止生出有害的后代，使它成为适宜美德的爱恋者的部分。我指的不是胸部，也不是感情的处所，而是去掉它们以后留下的部分，因为神给了智者一部分超越的能力，使之竟能割除情欲。你们可以看到，这个完善的人在他习得之时总是完全摆脱情欲的。而亚伦是个正在逐渐进步的人，他的地位较低，如我所说在实行节制。他的能力还不足以割除胸部和感情成分，但他把拥有美德的理性带给它们，作它们的驭手和向导。这就是那胸牌，亦即清晰和真实。

（四十六）但摩西还要用下面的话把这种区别表达得更清楚："因为我从以色列人的平安祭中，取了这摇的胸和举的腿，给祭司亚伦和他的子孙，作他们从以色列人中所永得的分"（利7:34）。

你们看，这些人不能只取胸，还必须连肩膀一起取，而摩西可以只取胸不取肩膀。为什么呢？因为他是完善的，他的目的也不是因器量少而少，更不是只想节制他的情欲，而是要割除无处不有的所有情欲；而那些人对情欲宣战不是大规模的，而是无足轻重的，他们只是想与之言和休战，就像驭手用缰绳使它们的冲动有所收敛。再说那肩膀是劳苦的象征；这是参与和照料神圣事物的人的特点，他必须辛劳和严守戒律。但是那个蒙神大恩拥有完全的善的人是无需劳苦的。与摩西相比，那个人通过劳苦获取的美德是不圆满的，而摩西轻易地从神那里得到美德无需劳苦。就好比劳苦本身缺乏没有劳苦的成就并低于这些成就一样，不完善缺乏完善，学习缺乏所要学的。[①] 这就是为什么亚伦取胸要与肩膀一起取，而摩西可以只取胸不取肩膀。他把胸叫作“特别安放的祭品”，原因是理性必须牢固地安放在愤怒的位置上，尽管它是一位能驾驭烈马的驭手。但说到肩膀时，他不像说到胸那样说肩膀是“安放的祭品”，而是说它属于“被挪去的”。这样说的原因如下：灵魂一定不能为了美德使自身劳苦，它要做的是把劳苦赶走，把获取美德与神相连，承认自己没有能力变成高尚的，而神能够任意施恩，并且喜欢这样做。除了在举行平安祭的时候，胸和肩膀都不能取走。这样做是合适的，因为只有在这个时候，灵魂才开始平安，愤怒的处所接受了理性作它的驭手，劳苦来到它里面开始劳作，不是自我满足，而是准备把荣耀归于施恩者——神。

（四十七）我们已经提到快乐不仅在胸部而且在腹部，也指出

① 亦即由神或美德本身直接指点。

胃是最适宜快乐的地方，因为我们几乎可以把胃说成是积蓄快乐的水库。肚皮一填满，对其它快乐的渴望就变得强烈；但若腹中空空，那么它们就变得越来越平静。所以这位先知在另一段话中说："凡用肚子行走的和用四足行走的，或是有许多足的，是不洁的"（利 11:42）。这段描写与快乐的爱恋者对应，他们总是跟着肚子走，跟着与肚子毗邻的快乐走。他把用肚子行走的与用四足行走的相提并论，这很自然。因为在快乐范围里情欲有四种，对此我在一篇专论中已经作过论述。[①] 同理，沉溺于快乐的人是不洁的，迷恋这四种情欲的人也是不洁的。

我们再说一遍前面说过的话，应当注意完善的人与正在进步的人的区别。我们已经发现那个完善的人从那争吵不休的灵魂中把愤怒的部分割除，以便使它变得温顺、谦恭与平和，心甘情愿地准备面对行为和言语两方面的要求；而那个逐步改善的人无力割除情欲，因为那胸是亚伦的分，[②]他只能用几经考验的言语，伴之以清晰和真实两种美德，去约束情欲。

（四十八）以相同的方式我们可以发现，哲人摩西以他的完善挣脱或清除了快乐，但那个逐渐完善的人没有以彻底的方式对待快乐，而拒绝过度和过分复杂美食，他欢迎简朴的不可避免的快乐。摩西用的是这样的语言："又洗了脏腑和燔祭牲的腿"（利 9:14），这就说得非常好。因为，这位哲人将他的整个灵魂献给了神。这个灵魂配得上献给神，因为它完全没有有意或无意的玷污；在这

① 这篇专论从未写成或是佚失了。

② 见《利未记》7 章 3 节，字义是"因为他拿走那胸"。

种状况下，他清洗了整个腹部和其它相关的部分，清除了快乐。他没有清洗身体其它部分，但他想要对整个身体这样做，他甚至拒绝了必要的食物和饮料，只依靠对神圣事物的沉思来获取营养。因此在另一处有这样的记载，当他在那圣山上聆听圣训，神向他宣布律法时，"他四十昼夜，也不吃饭，也不喝水"（出 34:28）。他不仅抛弃了整个腹部，而且也清除了腿，亦即快乐的支持者；[①]但是创造快乐的东西是快乐的支持者，因为这里说到那个逐渐完善的人清洗的是腑脏和腿（参阅利 1:9），不是整个腹部；因为他没有能力彻底清除快乐，而只想去掉里面由那些厨师和蜜饯师精心制作的美食，那些美食家享用的东西，我们也许可以说这是在给那些主要的快乐供应养料。

（四十九）他进一步强调对情欲的节制在那个哲人是一种拒绝而没有受到腹部快乐的约束，而那个逐渐完善的人的行为仍处在诫命之下；因为经上提到那个哲人时说的是"他清洗腹部和腿"（利 9:14），这样做是本能的，没有人强迫他，但在提到那个祭司时则是"腑脏和腿"，这里没有说"他们清洗"，而是"他们要清洗"（利 1:9），这样说非常准确。因为，完善的人自动趋向善行，而那个在训练中的人需要理性告诉他该怎么做，服从这些指点是高尚的。

我们一定不能忽略，摩西在拒斥整个腹部，亦即那些填满他的腹腔的东西时，实际上也拒斥了其它情欲。这位立法者用其中的一个部分来明确地代表整体；述说了最基本的问题以后，其它没有提及的东西也得到处理。

① 或接近的方式。

(五十)因为,填满腹腔的东西是最基本的,是其它情欲的基础。我们看到,离开腹部的支持,没有别的情欲能够产生,因为自然使腹部成为一切事物的根基。因此,利亚的儿子,即灵魂的优秀事物,在雅各的其他儿子之前出生。利亚生了犹大以后才停止生育,犹大就是“赞美”(创 29:35),神使拉结的婢女辟拉在她的女主人生育之前生子,创造出奋力追求肉体的典型。辟拉就是“吞食”。这位先知明白,没有腹部或“吞食”,身体的其他任何部分或器官都不能生存,但是腹部支配整个肉体及其物体的框架,它关心的只是活着。

别让任何微妙之处从您的注意力下溜走,您不会看到有任何说法是无意义的。摩西拿走的是胸,而对腹部他没有拿走,只是清洗(参利 8:29,9:14)。为什么呢?因为这个完善的智者能从整体上拒绝愤怒,能克服他的精神性成分,但他对切除腹部无能为力。即使是日常需求极少、蔑视日常生活和节制饮食的人也为自然所迫摄取必要的饮食。因此,神只让他清洗腹部使它在过量的不洁的食物中得到洁净,这也是神给美德的爱恋者的极大的恩慈。

(五十一)由于这个原因,在谈到那个涉嫌犯奸淫的灵魂时,他说,如果它弃绝正确的原则*,亦即那个合法的丈夫,而与其他玷污灵魂的情欲行淫,“她的肚腹就要发胀”(见民 5:27)。这表明那个灵魂有了肚腹中永远无法满足的快乐和愿望,因愚昧而变得贪得无厌,无数的欲望注入肚腹,使它的情欲一直保持。举个例子来说明,我知道有许多人吃得过多而陷入肚腹之灾,而在服了催吐剂

* 希腊文“逻各斯”。——中译注

以后马上又去暴食暴饮。失控的灵魂的欲望不能像身体器官那样由它们的大小来限制。这些器官是一些容器,不能接纳超过它们容积的东西,而是排斥所有太大的东西。欲望绝不会满足,它总是饥渴,想要得到更多。这就解释了跟在肚腹发胀那句话后面的“大腿就要消瘦”这几个词。这就是那个灵魂要体验到破坏了正确的原则*以后的结果,这个原则就是那所有高尚的事物得以孕育的种子。我们看到后面的话是:“若妇人没有被玷污,却是清洁的,就要免受这灾,且要怀孕”(民 5:28),这就是说,如果她没有被情欲所玷污,而是忠实于她的合法的丈夫,即主要的原则或整个原则,她就会有能生育的多产的灵魂,能生出健全的感觉,正义和所有美德。

(五十二)那么,被肉体牵制的人是否有可能违背肉体的需要呢?这怎么可能呢?但是请看下面的事实。这位神圣的向导告诉那个感到肉体需求的压力的人怎样对待它,亦即只有当他感到真的有这种需求时才去满足这种要求。首先,他说:“你在营外也该定出一个地方”(申 23:12),“营”的意思是美德,灵魂在美德中扎营。良好的感觉和放纵的肉体需求都不能与之占有同一处所。其次,他说:“你们要去外面那里”。为什么要去那里?因为那个灵魂远离良好的感觉而在智慧的处所度日,那么它就不能与任何肉体的朋友相处。那时候它就得到更加神圣的养料,在那里它发现有所有的知识,因而也就为肉体而真正地感到后悔。当它离开美德的神圣处所前往营外时,它就转向那些虐待身体使之堕落的物质

* 希腊文“逻各斯”。——中译注

的事物。那么我该怎么对待它们呢？“你当准备一把锹，你出营外便溺以后，用以铲土”（申 23:13），这就是说，理性应置于情欲之上，把它铲除，把它掩埋，而不要让它把你们裹住。因为，神让我们束缚我们的情欲，而不是带着它们到处转悠，放纵它们。所以在超越情欲的那一刻，即所谓逾越节，神晓谕他们“当腰间束带”（出 12:11），换句话说就是他们的欲望应该加以约束。锹就是理性，让它跟着情欲，防止它越规。这表示我们只应该满足那些紧急的需求，而对那些过分的要求则应加以避免。

（五十三）当我们受到款待享用那美味佳肴时，如果我们能带着理性出现在餐桌前，就像带着一面盾牌，我们就既不会像贪吃的人那样过分地暴食，也不会像酒鬼那样暴饮，喝得醉醺醺的，胡话连篇；因为，理性会像缰绳那样勒住情欲的狂奔。以我自己为证，我有多次经历说明这是真的。我参加过各种联谊的[①]集会和豪华的晚宴。当我没有带着理性作我的伴去赴宴时，我发现自己成了快乐的奴隶，苛刻的主人此时慷慨地提供了各种娱乐，给眼睛和耳朵带来快乐，也提供了各种能给味觉和嗅觉带来快乐的食物。但若我是带着令人信服的理性一同前往，我感到自己不是奴隶而是主人，我能竭尽全力，与一切能刺激难以驾驭的欲望的东西发生激烈而又顽固的冲突，并取得忍耐和自制的胜利。你们看到神说：“你们要用锹铲”（申 23:13），也就是说，你们应该用理性使情欲袒露，弄清吃、喝和性放纵等情欲的本性，这样你们就能觉察到真相。此刻你们就会明白，那些东西没有一样是好的，而只是有用的和必

① 或译“非正式的”。

需的。“预备一把锹,你出营外便溺以后,用以铲土,转身掩盖”(申23:13)。这话说得好极了。那灵魂把理性用于所有事情,所有肉体的不洁之物和情欲都被掩埋,看不见了。因为,没有理性陪伴的东西都是不可见的,恰如有理性呈现的都是适宜的。我们得出了这个结论。快乐的爱恋者在肚皮里移动;那个完善的人清洗去整个腹部;那个逐渐完善的人清除腹部的东西;刚开始训练的人想要用理性(用锹来象征)去束缚情欲,去压制肚皮的需求,这时候他会出营外。

(五十四)下面这句话里也说得极好,“你必用胸和腹行走”(创3:14)。因为,快乐不属于那类静态事物的范畴,而是动态的,充满骚动。火焰是运动着的,情欲也像烈焰,它在灵魂中运动,不能忍受平静的痛苦。因此,这位先知不同意某些人的看法,说快乐就是平静。[①] 平静可以存在于石头、木头以及一切无生命的东西,但与快乐无关。快乐渴望激动,激动实际上是一种骚动。在某些人身上,它远非一种平静的体验,而是一种对激烈运动的放纵。

(五十五)“终身吃土”(创3:14)。这句话说得非常恰当,因为身体的食物带来土的快乐。人由两样东西组成:灵魂和身体。身体由土形成,而灵魂由高空的气组成,这种气是从神那里分出来的,“神将生气吹进他鼻孔里,他就成了有灵的活人”(创2:7)。同理,由土造成的身体与从土中产生的食物有一种亲属关系,而灵魂正相反,作为气的一个部分它有属气的和神圣的食物,由各种形式的知识滋养而不需要饮食。饮食只是身体的需要。

① 参见第欧根尼(Diogenes Laertius),《著名哲学家生平与著作》,X,136。

(五十六)灵魂的食物不是属地的而是属天的,这在《圣经》中可以找到大量证明。“我要将粮食从天降给你们,百姓可以出去,每天收每天的分,我好试验他们遵不遵我的法度”(出16:4)。你们看,灵魂的食物不是地上可朽的东西,而是神的话语,从那崇高的纯粹生命的领域像雨一般降落下来。这个领域被先知称作“天”。开始的时候,百姓以及所有想要造就灵魂的,都出去收集。形成知识的开端,不是一日即可造就,而是“收每天的分”。因为开始的时候灵魂不可能一下子包容神的所有恩赐,而是被包容在丰盛之中,就像淋着了倾盆大雨。下一步就好一些了,我们领受了足够的善,充足而又不过多,神作为恩赐者还想着其他人。那想要一天之内得到所有恩赐的人缺乏希望和信任,也缺乏见识。如果只是现在期盼而非对将来也有期盼,就叫作缺乏希望;如果不相信现在和将来神都会慷慨地施恩于配得恩赐的人,就叫作缺乏信心;如果想像自己足以担当已有物品的保护人而认为神不是保护人,就叫作缺乏见识;理智常常盲目尊大地把自己确定为安全的保护人,而又常常变得脆弱,不堪一击。

(五十七)所以灵魂收集对它适宜的东西,充足而又不过分,但也不要过少,按照正确的尺度而不至于犯下过错。因此也要求你们学习时要超越情欲,在逾越节献祭时向前迈进,其象征是羔羊,不是没有尺度的,因为他说:“要按照人数和饭量计算”(出12:4)。无论是玛哪还是神的其他恩赐都应严格计量提取,不得多取,因为这样做就是过分。灵魂每天收每天的分(参阅出16:4)。这不是彰显心灵自己,而是彰明神的充裕,他是一切善物的保护人。

(五十八)起责戒的理性在我看来似乎是这样的。天象征着光，灵魂之光是训练。许多人在夜晚和黑暗中需要光，而在白天和光明中就不需要；例如，所有基础的被称作学校教育的课程，只是为了出人头地[①]或在统治者手下当一名官员，而不是出于更高尚的动机而学，哲学也是这样。但是有高尚目标的人为了白天而需要白天，为了光而需要光，为了美而需要美，不是为了别的目的。这就是为什么他要接下去说："我好试验他们遵不遵我的法度"（出16:4）；因为，这是神圣的法度，为其自身的原因而去衡量它的优秀程度。正确的原则*检验所有的追求者，就像人们检验硬币，看它们的成色是否已经降低。以外在的东西衡量，或者用于检验人，他们珍惜这个只属于思想和理智的财宝。这样的人具有不食人间烟火的特权，靠属天的知识来滋养。

（五十九）对此摩西又做了进一步的解释。他说："早晨在营四围的地上有露水，露水上升之后，不料，野地面上有如白霜的小圆物。以色列人看见，不知道是什么，就彼此对问说：'这是什么呢？'摩西对他们说：'这就是主给我们吃的食物，主所吩咐的'"（出16:13以下）。你们看到灵魂的食物是什么了。那就是神的逻各斯，像露水一样围着灵魂，连续的，无处不在。但逻各斯并非在每个地方都显示，而是在情欲和邪恶的旷野上显示。它是优美精妙的，既能构想，也能被构想，能够极为清澈透明地被看见，就像芫荽籽一般。种菜的说，若将芫荽籽切成许多碎片再种入土里，碎片就都能起到整个芫荽籽所起的作用。神的逻各斯也是这样，完整的话语

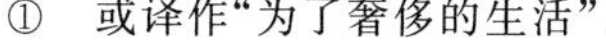

① 或译作"为了奢侈的生活"。

* 希腊文"逻各斯"。——中译注

能传送福益，部分话语也能传送福益，你们看到的任何部分都一样。

神的逻各斯也可能类似眼睛的瞳孔。瞳孔是眼睛很小的一部分，却能看见世界的所有区域，无垠的大洋，扩展的空气，无限的天空，日出和日落把这些束缚在一起；所以神的逻各斯也有最敏锐的视力，能够检视一切，* 他们借此清楚地看到所有有价值的东西。同样，它也是白的，因为还有什么能比神圣的逻各斯更明亮，更耀眼？其他万物都靠着与它交谈而驱除阴暗和朦胧，热烈地渴望成为灵魂之光的分有者。

（六十）这逻各斯产生一种特殊的影响。它把灵魂召来，使属地的、肉体的和受感觉约束的人的每个部分都冻结；有经文为证，“有如白霜”（出 16:14）。因为，我们也看到那个见到神的人正在学习脱离情欲。情欲的浪潮平息下来就像冻结了似的，这浪潮指的是情欲的奔腾、增长和空洞的繁荣；“海中的深水凝结”（出 15:8），这样做是为了能够逾越情欲而见到神。然而，那些灵魂对神的逻各斯虽然已经有了体验，但还不能回答问题，它们相互问道：“这是什么呢？”（出 16:15）这种情况经常发生。比如我们口中感到有甜味，但不能确定产生甜味的是什么，当我们闻到香味时也不知道它们是什么。同样，灵魂感到快乐时说不出为什么快乐。但是，圣师先知摩西能告诉我们，他会说这是神赐给灵魂的食物（出 16:15）。神用他自己的逻各斯喂养我们，他赐予我们的食物就是“这话语”。

---

* 此处希腊原文有佚失。——中译注

（六十一）《申命记》也说："他苦炼你，任你饥饿，将你和你列祖所不认识的玛哪赐给你吃，使你知道人活着不是单靠食物，乃是靠神口里所出的一切话"（申 8:3）。这苦炼就是赎罪；神在这第十日令我们灵魂苦炼为之赎罪（利 16:30）。快乐被剥夺时我们感到自己在苦炼，但实际上我们由此得到了神的慈悲。神有时也对我们降下饥荒，但这不是美德的饥荒，而是使情欲和邪恶难以产生的饥荒。我们有根据说神是在用他最"综合的"[1]逻各斯喂养我们；因为"玛哪"的意思是"某物"，这是个最综合的术语。神的逻各斯高于世上万物，是被造物中最先的和最广的。"列祖"不认识这逻各斯。这里指的不是真的列祖，而是那些头发花白的老人。他们说："我们不如立一个首领，回埃及去吧！"（民 14:4）。这就是回返到情欲的意思。然而神宣谕那灵魂说："人活着不是单靠食物，乃是靠神口里所出的一切话"，那就是说，人可以得到所有逻各斯的滋养，也可由一部分逻各斯滋养；因为口是说话或言语的象征，表述（或译"动词"）是逻各斯的一部分。最完善的灵魂得到全部逻各斯的滋养，我们要是能得到一小部分逻各斯的滋养就可以心满意足了。

（六十二）于是我们正在谈到的这些人为得到神的逻各斯的滋养而祈祷。雅各自视比逻各斯更高，他说："愿我祖亚伯拉罕和我父以撒所事奉的神，就是一生牧养我直到今日的神，救赎我脱离一切患难的那使者，赐福与这两个童子"（创 48:15、16）。他的语气和情调是多么优美啊！他期望神在牧养他，而不是神的逻各斯在

① 或译"无所不包的"。

牧养他;但是那医治疾病的使者就是逻各斯,这是一位真正的哲学家的话。他认为适当的、正确的说法应该是,神本身赐予主要的恩惠,而他的使者和逻各斯赐予次要的恩惠;次要的恩惠有使人摆脱疾病等等。因此,我认为神赐赠最一般意义上的健康,也只有神本身能赐赠这种健康。我们的身体一开始是没有疾病的,但对那种通过摆脱疾病而来的健康,神的赐赠要通过医学和医生的技术,他使这种知识和实施者享有治病救人的信誉,尽管神本身也能治病,或者是通过这些中介或者是不通过这些中介。他对待灵魂的方式是相同的。神亲自赐予的是好东西,食物,通过那使者和逻各斯起作用,例如使人摆脱疾病。

(六十三)在他的祈祷中,雅各对政治家约瑟提出了责怪,这位政治家竟敢说"我要在那里奉养你"。他是这样说的:"你们要赶紧上到我父亲那里,对他说"等等,后面是"请你下到我这里来,不要耽延",最后是"我要在那里奉养你。因为还有五年的饥荒"(创45:9、11)。雅各马上责备他,并用自己的看法指点这个自作聪明的人。他说:"尊敬的先生,你必须明白,滋养灵魂的食物是各种形式的知识,它们不是肉体感性的话语赠与的,而是神赐予我们的。他一生牧养我直到今日(参阅创 48:15),只有神本身才能满足我的需要。"约瑟的体验和他的母亲拉结相同。她也想像被造物有某些力量,因为她说:"你给我孩子"(创 30:1)。但那个取代者责备她说:"你大错了,叫你不生育的是神,我岂能代替他做主呢,只有神有能力打开灵魂的子宫,把美德播种进去,使它们怀孕,生育高尚的东西。你的姐姐利亚不是从被造物那里承受种子,而是靠神的恩赐才生育";"神见利亚被恨,就使她生育,拉结却不生育"(创

29:31)。

但是仍请注意此处的微妙。神开启了美德的子宫,把高尚的东西播种下去,但那子宫在承受了神的美德以后并不是为神生育,因为神什么都不缺,她是在为我雅各生子;确实神播下美德的种子不是为了自己,而是为了我。同理,那单一的神是利亚的丈夫,他静悄悄地超越,另一个则是利亚所生孩子的父亲。因为,开启子宫的是丈夫,而孩子的父亲则是她为之生育的那个人。

(六十四)“我又要叫你和女人彼此为仇”(创 3:15)。快乐实际上是感觉的敌人,尽管在有些人看来它们是亲密的朋友。恰如无人会把奉承者称为同志一样,当你考查快乐时你会发现快乐与感觉的友谊是一种伪装。因为,奉承是一种病态的友谊。又好比无人会说妓女对情人亲热,因为她的温柔不是为了他而是为了他的礼物。考验快乐时,就会发现它是情欲所扮演的虚伪朋友。你们知道,每当我们沉溺于快乐,我们的感官就会迟钝。或者,你们难道没有看到陶醉于酒和爱情的人,看不到和听不进他们原来能看见或能听得进的东西吗?他们准确运用其它感觉的能力被剥夺了。有时还有这样的事,过度耗费所有感觉的能力,感觉就会松弛,就会睡意朦胧。睡眠的名字来源于感觉的松弛。因为在这个时候,感觉器官变得没精打采,我们一醒过来,它的敏感性就增强了,我们得到的印象不再是模糊的,而是比较清晰,比较强烈,能全部传送到理智那里;理智必须接受这种冲击,以便得到鲜明的印象。

(六十五)注意,这句话不是“我要给你和女人竖立仇敌”,而是“我又要叫你和女人彼此为仇”。为什么要这样说呢?因为这里说

的是快乐与感觉，是针对位于两者之间的东西来说的，两者之间会有战争。可吃的、可喝的和可用来达到诸如此类目标的东西是介于两者之间的，它们都既是感觉的对象，又是产生快乐的东西。所以，当快乐无节制地沉溺于这些东西时，就会给感觉带来伤害。再者"你的后裔和女人的后裔"这个说法也充满哲学真理：因为每颗种子都是一个存在物的起点，而快乐的起点是情欲，而感觉的起点是理智；感觉的能力从理智中产生和延伸，就像水从泉中涌出和流淌。这确实是神圣的先知摩西的看法，他说那个女人是按照亚当的样子造出来的，也就是说感觉出自理智。快乐对感觉，情欲对理智。由于前一个对子彼此为仇，所以后一个对子也彼此为仇。

（六十六）他们之间的战争是公开的。理智献身于它的适宜的对象，即非物质的东西时，理智是胜利者，情欲退出战场；另一方面，当情欲邪恶地取胜时，理智就让步了，不能再关注它自己，也不能关注那些它拥有的东西。摩西在别处说："摩西何时举手，以色列人就得胜；何时垂手，亚玛力人就得胜"（出 17：11）。这表示每当以色列人，亦即理智，提升自己，离开凡俗的东西，奋发向上的时候，就得到力量，向上就是去见神；而当它降低自己的特殊力量，变得软弱时，被称作"亚玛力人"（字义是"舔食的民族"）的情欲马上就会变强，因为它确实会舔食整个理智，使它不剩任何美德的种子或火花。"亚玛力原为诸国之首"（民 24：20）。这句话亦与之吻合，因为情欲是无目的地或无意义地迁移到一起来的那些乱七八糟的游牧部落的首领。由于情欲，灵魂的各种争斗都越演越烈。因此，神向理智许诺赐予它们安宁，他要"将亚玛力的名号，从天下全然涂抹了"（出 17：14）。

（六十七）“他要伤你的头，你要伤他的脚跟”（创 3：15），这句话字面上是不规范的，[①]但意义完全正确。这句话针对那条与那个女人有关的蛇，但在提到那个女人时本来应该称“她”，而不是称“他”。这是为什么呢？因为，这里指的已经不是那个女人，而是她的后裔和起源；但是理智是感觉的起源，理智是阳性的，在指称理智时我们用“他”或“他的”这些代词。正确地说，这里指的是快乐，“理智要伤你们的首要原则，而你们在理智起作用并坚持它的既定信条时就要伤害它。”这个行为的基础和主要的信条用“脚跟”这个词来表示是很自然的。

（六十八）“要伤”（shall watch）这个词有两种意思，一是“守护”，另一相当于“看守起来以摧毁它”。这理智必定既是善的，又是恶的。愚蠢的理智会把自己表现为快乐的卫士和仆从，因为它的喜乐在快乐之中；但是优秀的理智会验证它的敌人，看守它们，伺机最终摧毁它们。但是我们也要注意到另一方面，快乐也在监视、看守着愚蠢的理智，竭力想要阻挠和摧毁那聪明的理智的生活方式。因为，它认定后者正在打算摧毁它，而前者正在筹划看护它的最佳方式。尽管想要欺骗和推翻优秀的理智，它自己将被雅各推翻。他是一位角力者，不是身体的角力，而是灵魂与它的敌手气质的角力，就像与情欲和邪恶所作的搏斗那样。雅各不会放过他的敌手情欲的脚跟，直到它屈服，承认它自己在出生权和赐福两方面都已经被推翻和征服。以扫说：“他名雅各岂不是正对吗？因为他欺骗了我两次，他从前夺了我长子的名分；你看，他现在又夺了

① “Barbarism”，这个术语指影响到一个词的错误。

我的福分"(创 27:36)。恶人把肉体的东西当作更值得崇拜的,而善人崇拜理智的事务,因为它们是真实的,不是因为在年纪上,而是在价值和尊严上更值得崇拜,它确实像一座城市里的执政官;灵魂确实是我们的复合存在的统治者。

(六十九)然而在美德上占先的也领受在先的事物,这确实是他应得的分;因为,承受了福分的他也伴随着完美的祈祷。但它虚幻地以为自己是聪明的,所以它说"他夺了我长子的名分和福分"。你错了,他夺走的东西不是你的,而是与你对立的;因为你的东西只能算作奴隶,而他的东西适合做主人。如果你同意变成智者的奴隶,那么你就要抛弃灵魂的瘟疫、愚蠢和粗鲁,成为责诫和校正的分有者。他的父亲在对他祝福时说:"你将事奉你的兄弟"(创 27:40)。但不是现在就这样,因为他不会容忍你的倔强,而是在"从你颈项上挣开他的轭"的时候(创 27:40),他会挫败你因挣开了轭而作的自吹自擂,愚蠢做了情欲这驾马车的驭手。这时你真地成了自身中一位严厉得令人无法忍受的主人的奴隶,对它来说,不给你任何自由是一条确定不变的法律。但若你逃避和弃绝这些东西,一位对他的奴隶很善良的主人将会欢迎你,他那里有自由的光明的希望,不会把你重新交给从前的主人。因为,他从摩西那里接受了一条不容违背的教训:"若有奴仆脱了主人的手,逃到你那里,你不可将他交付他的主人。他必在你那里与你同住,在你的城邑中,要由他选择一个所喜悦的地方居住"(申 23:15、16)。[①]

① 亦即"他从严厉的天主那里来到以色列人中间居住"。(中译本《圣经》如此,按英译本应为"主交付给他的那个人不是送来给他做奴隶的;因为他必住在他所喜悦的任何地方"。——中译注)

（七十）但只要你还没有逃走，仍旧处在你从前的主人的嚼子和缰绳的束缚之下，你就不配做智者的奴仆。你说“我的长子的名分和我的福分”（参阅创 27:36），这话提供了最确凿的证据表明你的奴性不配做个自由人，因为这是那些愚蠢透顶的人说的话，而实际上只有神可以用“我的”这种口气说话，因万物实际上都归他所有。由此他也证明了“恩赐”超过“转让”，他说：“你们要保存我的馈赠，我的转让，我的果实”（民 28:2）。“馈赠”这个术语的意思有伟大和完善的福益，这是神赐予完善者的；“转让”有相对贫乏的意思，这些是给那些本性优秀者的，他们在锻炼和进步。

由于这个原因，亚伯兰也与神的意愿一致，保存神的恩赐，放弃所多玛王的马匹（参阅创 14:21 以下），以及妻妾的财产（涉及创 25:6）。此外，摩西适合裁决重大案件，那些小事则由下级官员去处理（参阅出 18:26）。无论谁胆敢说某样东西是他的就会把他自己当作永久的奴隶，即使他说，“我爱我的主人和我的妻子儿女，不愿意自由出去”（出 21:5）。很好，他承认自己是个奴隶；他说“我的主人，甚至我的理智”，这是他自己的主人和绝对的主，说这样话的人不是奴隶又能是什么呢？“‘我的’也是一种感觉”，一种没有根据的判断物体形式的工具；“我的也是这些物体形式的产物”，理智的具体对象是理智的产物，感性对象是感觉的产物；“因为是我的力量在使理智和感觉运作。”让他不仅自相矛盾，而且也遭神的谴责，使他成为永久的奴隶，使他在神责令他耳朵穿孔的时候仍旧不屈服，这样他就不接受美德的话语，神罚他永远成为理智的奴隶，也永远成为感觉的奴隶，这是邪恶和不知羞耻者的主人。

（七十一）神对那女人说：“我必多多增你的悲痛和呻吟”（创

3:16)。我们已经知道，那个女人就是感觉，感觉是她自己那个独特经历的主体，被称作“悲痛”；在我们身上有一个产生高兴的地方，在同一地方也产生悲痛。通过感觉我们感到高兴，所以我们感到悲痛也是通过它们。但是，优秀洁净的理智最少悲痛，因为感觉最少向它进攻。而愚蠢的理智经常经历悲痛，在它的灵魂中没有解毒药，无法用来治疗来自感觉及其对象的致命的疾病。运动员和奴隶以不同的方式接受打击，奴隶屈服于皮鞭，而运动员抗拒受到的打击。你给人剪发是一回事，给绵羊剪毛是另一回事。绵羊的作用纯粹是被动的，而人则有一种主动的相互作用，乃至他的服从也是补足性的，是为了使自己的位置和姿势适宜修剪。正是以同样的方式，不思考的人成为他人的奴隶，屈服于像是无法忍受的情妇般的悲痛，不能直视她们，不能作男人的自由思考和推理，于是大量的痛苦经验通过感觉倾泻到他头上。相反，有知识的人像运动员一般带着力量和勇气迎击所有悲痛的事，制服它们而不为它们所伤，绝对无动于衷地对待它们；在我看来，他一定是带着年轻人的勇猛精神对那作用着的傲慢自夸的悲痛说：

> 用火烧我吧，吃我的肉，喝我的乌血，
> 在我这里得到满足；
> 因为星星很快就要落到大地的下面，大地就要升上天空，
> 你们就会从这些嘴中听到奉承的言语。[1]

---

① 欧里庇德斯的一段残篇。

（七十二）神给感觉指定了大量的悲痛的事情，也对诚实的灵魂毫不吝惜地赐予丰盛的好事。比如，他对完善的亚伯拉罕就是这样。摩西说："主说，'你既行了这事，不留下你的儿子，就是你独生的儿子，我便指着自己起誓说：论福，我必赐大福给你；论子孙，我必叫你的子孙多起来，如同天上的星，海边的沙'"（创 22:16、17）。好极了，神起誓确认他的许诺，他起的誓极为适宜；你们注意到神不是指着其他什么东西在起誓，因为没有任何东西能比他更高，而是指着他自己，万物中最优秀的。

有些人说，神要起誓是不适宜的；因为誓言是用来维持忠实的，只有神和神的朋友才是忠实的，乃至摩西被说成是"在我全家尽忠的"（民 12:7）。此外，神的每句话都是誓言、律法和最神圣的诫命；他说的任何事都会实现以证明神的确定的力量。这是起誓的特性，也似乎是一个必然的定律，神的所有话语都是誓言，通过伴随的行动来确证。

（七十三）他们说，起誓确实是请神为有争执的事作见证；如果神也起誓，那神就是在为自己作见证，这是荒谬的，因为作见证的人必须是另一个能代表他的不同的人。对此我们该怎样回答呢？首先，神为他自己作见证，这样说没有什么错。因为除此之外又有谁能为他作见证呢？其次，他对他自己来说就是全部，就是最珍贵的东西，是亲属、亲密朋友、美德、幸福、福佑、知识、理智、开端、终点、全体、一切、审判、决定、忠告、律法、过程及至高无上。此外，如果我们一旦最正确地说"我指着自己起誓"，就会停止使用这种过分的遁词。最正确的说法可能是这样的。能作出保证的事物中没有一样能对神作出什么肯定的担保，因为他不对任何东西显示他的本性，而是使自己成为人类不可见的。谁能断定第一因没有形体或有形体，或者能断定它根本不属于任何种类？一句话，谁能对神的本质、性质、状态和运动作任何肯定的断言？没有，只有他能肯定他自己的一切，只有他对自己的性质具有准确无误的知识。因此，只有神才是他自己最强有力的保证。首先是对他本身，其次也是对他的工作。所以当他好像对自己作出保证时当然要指着自己起誓，除了他没有人能做到这一点。

因而那些指着神起誓的人实际上应当被看作是亵渎神的；因为，显然没有人能指着神起誓，没有人能拥有关于神的性质的完全的知识。不，我们只能满足于指着神的名字起誓，如我们已知，“名字”的意思是“阐释的逻各斯”*。在我们这些不完善的人来看它就是神，而在那些智者和完善的人来看，最初的存在才是他们的神。让我们来看，摩西对不被创造者的超越性也充满惊讶，他说的是“你要指着他的名起誓”（申 6：13）；而不是“指着他”起誓，因为对被创造物来说由神的逻各斯作认可和见证已经足够了；而神自己最确实的保证和证明应是他自己。

（七十四）“你既行了此事”（创 22：16），这句话是一个虔诚的标志；因为只有为神做事才是虔诚的。这就是我们为什么要将美德的后裔，甚至将我们获得的幸福毫不吝惜地奉献给神，相信这样的祭品配得上作为神的所有物，而任何被造物都不配得到它。“论福，我必赐福”（创 22：17），这句话是意味深长的；因为有些人在他们的本性没有充满福益时做了许多祝福性的事。甚至恶人也会做

* 希腊文是 ho hermeneus logos。——中译注

一些属于他职责范围内的事,尽管他本性并不尽责。是这样的,醉鬼和疯子也会不时地吐出一些清醒的话,尽管不是出于一个清醒的理智;那些还很幼小的儿童会做许多合理的事,说很多合理的话,但并非出自已经确定的理性状态(因为他们的本性还没有被训练成理性的)。但是立法者希望这个智者算作有福之人,不是当作一种易变的情绪的产物,或是容易被人诱导的,或是随机而变的,而是当作一种充满福益的确定的状态和气质的产物。

(七十五)再回到我们的经文上来。对错误地受命运支配的感觉来说,体验到大量的悲痛还不够,它还必须沉溺于“叹息”。因为我们常常悲伤但不叹息;但当我们叹息时,我们就任凭我们的悲痛把我们带入麻烦和忧愁之中。叹息有两种。一种可以在那些想得到干坏事的机会而又不能得到的人身上看到,这种叹息是恶的。另一种可以在那些对以往的缺点表示后悔和烦恼的人身上看到,这些人哭喊道:“我们是多么不幸啊,长久以来,我们的行为显然是愚蠢的,无意义的和不公义的,但又全然不知。”除非埃及王,不敬神的和喜爱快乐的性情,将终结和从灵魂中死去。“过了多年,埃及王死了。”邪恶一死,他马上看见神因为他的过失而叹息,“以色列人因做苦工而叹息”(出 2:23)。因为,当这位国王和喜爱快乐的性情活在我们身上,它就会引诱灵魂对它犯下的罪恶感到喜乐,但一旦它死去就会叹息。这样,它对着主哭喊,哀求让它不要再被撵走,也不再接受它的不完善的结果(创 19:26)。因为有许多灵魂想要忏悔,但没有得到神的许可只好退下,就像被浪潮卷走似的。罗得的妻子就碰上了这种事,她倾心于所多玛,结果变成了石头,回复到已经被神摧毁的东西那里去了。

(七十六)摩西又说:“他们的哀声达于神”(出 2:23)。这样说是为存在的唯一者的恩慈作见证。因为,神若没有能力把哀求者召到他那里去,他就不会听见,也就是说,它就不会上升,就不会增大,在摆脱凡俗之物的根基之后直冲云霄。所以神跟住就说:“以色列人的哀声达到我耳中”(出 3:9)。这哀声若能抵达神那里那是绝妙的,但它不可能抵达那么远,它只能恳求神的仁慈。神让某些灵魂去某个地方见他:“我必到那里赐福给你”(出 20:24)。你们看,这第一因是多么地仁慈啊! 他预见到我们会犹豫不决,于是就召唤我们,来见我们,给灵魂带来无限的福益。这里说的是一种充满提示的神圣的指引。因为,一旦神的思想进入理智,神就给它赐福,治愈它的所有疾病。然而,感觉在产出知觉时总是极度悲痛和呻吟,如神自己所说:“你生产儿女必多受苦处”(创 3:16);视力产生看,耳朵产生听,味觉产生尝,简言之,感觉产生感觉的行为;但感觉在这样做的时候并非没有给愚蠢的人带来剧烈的痛苦,对这种人来说,他在视、听、尝、嗅以及实施其他任何感觉的时候都会引起痛苦。

(七十七)另一方面,你们会看到美德在生育时充满喜乐。善人带着欢乐和愉快的心进行生育,他们两者的产物就是欢笑本身。智者的生育带着欢乐而不是悲痛,圣言证明了这一点:“神对亚伯拉罕说,‘你的妻子撒莱,不可再叫撒莱,她的名要叫撒拉。我必赐福给她,也要使你从她得一个儿子’”(创 17:5、16);然后经文又说:“亚伯拉罕就俯伏在地喜笑,心里说:‘一百岁的人,还能得孩子吗? 撒拉已经九十岁了,还能生养吗?’”(创 17:17)亚伯拉罕显然喜乐和欢笑,因为他要生下以撒,即幸福;撒拉,即美德,也喜乐。

同一经书也对此作证:“撒拉的月经已断绝了。撒拉心里暗笑,说:‘我既已衰败,岂能有这喜事呢?但我主(圣逻各斯)更伟大(创18:11、12),幸福必定属于他,当他许诺给我善的时候,我必须相信他’”。[①] 此外,那个产物是喜笑和快乐,“以撒”的含义就是喜笑和快乐。让感觉悲痛吧,但要让美德总是喜乐:当幸福诞生的时候,她骄傲地说:“神使我喜笑,凡听见的必与我一同喜笑”(创21:6)。噢,你们这些初学者,张大你们的耳朵来接受最神圣的教导。“喜笑”就是喜乐,“使”相当于“生”,所以这里说的意思是,主生了以撒;因为神本身就是完善性质的父亲,在人的灵魂里播种和生下幸福。

(七十八)神说:“你丈夫会是你的凭借”(创3:16)。感觉有两个丈夫,一个是合法的丈夫,另一个是奸夫。模仿那个奸夫的样子,被看见的事物作用于视觉,声音作用于听觉,味道作用于味觉,其他感觉也类似。这些事物转过来又邀来非理性的感觉,它成了它们的主人和主宰。美色奴役着视觉,美味奴役着味觉,各种感官的对象奴役着相应的感觉。看看那个好食者,他不就是那些厨师和点心师为他准备的美味佳肴的奴隶吗。再看看那些音乐迷是如何陶醉于竖琴、长笛的乐声和好歌手的演唱。但是巨大的福益会降临给那从其他事物转向理智的感觉,理智是她的合法丈夫。

(七十九)下面让我们再来看摩西关于理智本身的论述,其中涉及理智违背正确原则*时的状况。“又对亚当说:‘你既听从妻

① 《创世记》18章11节以下,“更伟大”的字义是更年长。

* 希腊文逻各斯。——中译注

子的话，吃了我所吩咐你不可吃的那树上的果子，地必为你的缘故受诅咒'"（创 3:17）。如果是理智听从感觉，而不是感觉听从理智，那是最无益的事。因为，由优秀者来统治，低劣者被统治总是正确的，而理智优于感觉。当驭手处于指挥的地位，用缰绳指引着马匹前进的时候，马车会沿着驭手所希望的道路前进；但若马匹不服管束，反而占了上风，那么驭手往往会被摔下车去，马匹也会因为它们狂奔乱跳而摔入沟渠，引起一场大灾。再比如一艘船，当由舵手掌管时能沿正确航向前进，而海上狂风大浪一起，就会使船倾覆。同理，当灵魂的驭手或舵手，即理智，像总督统治城市一样统治着整个人，那么生命就有了正确的航向；但当无理性的感觉占据了主要地位，就会发生可怕的混乱，就像奴隶起来夺了主人的权。确实，在这种时候，理智就像是被放在火上烧烤，全身着火，点火的就是由感觉和感性知觉供给的感觉对象。

（八十）摩西又对这种由感觉引起的理智的火焰给我们提示，他说："那女子又点火烧摩押。""摩押"的意思是"出自一个父亲"，而我们的父亲是理智。他的原话是这样的："所以那些作诗歌的说：'你们来到希实本，愿西宏的城被修造，被建立。因为有火焰出西宏的城，烧尽摩押的亚珥，和亚嫩河丘坛的祭司。摩押啊，你有祸了！基抹的民哪，你们灭亡了！基抹的男子逃奔，女子被掳，交付亚摩利的王西宏。我们射了他们，希实本直到底本尽皆毁灭'"（民 21:27－30）。[①]"希实本"的意思是"推论"，而"推论"是充满晦涩的谜语。且看医生的推论："我要给病人通便，我要给他多吃，我

① 《民数记》21 章 27—30 节，"逃奔"的原来字义是通过逃跑来保命。

要给他开药方，让他节食使他健康，我要给他手术，我要给他烧灼。”但是，不用这些办法，自然可能会使病人康复，而用了这些办法病人也会死去。这就说明，医生的所有推论都是一场空洞的梦，只是胡乱猜测。再看看农夫。农夫会说：“我要播种，农作物会生长，会开花结果，不仅能供给我们必需的食物，而且能使我们丰裕。”然而，突然袭来的大火、狂风或暴雨把一切都毁了。有时候农夫把一切都盘算的很好，可是这种算计还没有带来什么福益，盘算者就先死去了，他期望享受辛劳的成果，但事实证明他的期望是空幻的。

（八十一）所以，最好相信神而不相信我们模糊的理性和或然的推论。“亚伯兰信神，就被许为义”（创 15:6）。先前也有经文为证，说摩西是“在我全家尽忠的”（民 12:7）。但若我们把信任转移到我们自己的理性身上，我们就会建起一座将败坏真理的理智之城，因为“西宏”的意思是“败坏”。同样，做梦的人醒来就会发现所有蠢人的活动都是虚幻的梦。是的，理智本身也是一场梦。是这样的，因为信神才是真正的指引，而相信我们空洞的理性只是一个谎言。非理性的冲动奔涌迂回，无论是出自我们的理性还是出自败坏真理的理智。因此，他也说：“有火从希实本发出，有火焰出于西宏的城”（民 21:28）。这样，相信那似是而非的理性或那败坏真理的理智是一种非理性。

（八十二）“那火焰甚至烧到摩押”，摩押指的也就是理智。因为虚假的意见能欺骗的除了可悲的理智以外又能是谁呢？是的，它吞食了理智中的界石，亦即每个具体的思想或判断，这些判断被雕凿出来就好像刻在一块界石上。这些石头是“亚嫩”，这个词的意思是“他们的光”，因为每件事都在理性中得到解释。这就是为什么他要开始给顽固而又自私的理智唱挽歌：“摩押啊，你有祸了”，因为，你如果是按照可能性作推测，那你就会失去真理。“基抹的民”就是你的民，它的力量是残缺不全的，盲目的。因为，“基抹”的意思是“摸索”，摸索是瞎子的特点。那些儿子，亦即每个具体的理性，成了亡命者，而那些儿子，亦即它们的判断，成了亚摩利王的俘虏，亚摩利王就是“喜爱谈论的人的教师”。因为，亚摩利这个名字翻译过来就是“喜爱谈论的人”，他们的君主就是教师或诡辩者。这些人在玩弄语言技巧方面非常能干，受遁词的支配而超越真理的边界。

（八十三）然而，西宏，即败坏真理的健全统治的人，和“他的种子将与希实本一起灭亡，直到底本”。希实本就是玩弄辞藻的谜语，底本是给法律起的名字。这种理解是相当准确的，因为可能性和似是而非的东西与真理的知识无关，而审判、争吵及争论这类事情都和可能性有关。

然而，对理智来说，有了它自己特有的麻烦还不够，还有那女人，即感觉，引起的麻烦，亦即点火引起火灾，加重了灾难。我说的是这个意思。这种事常常发生在夜晚，此时我们没有主动地运用任何感官，但却能拥有对许多不同主体的奇怪的观念。因为灵魂在不停地运动，能够以无数的方式活动。正因为如此，它自己产生的东西足以败坏它自己。事实上，这群感觉的暴徒把大量的危害从外部引入灵魂。这些危害部分来自可见的物体，部分来自声音，以及来自触及嗅觉的味道和气味。我们可以说，从它们那里产生的危及灵魂的烈火比灵魂自己在没有感官帮助的情况下自己点燃的烈火带来的灾难更大。

（八十四）这些女人中有一个是波提乏的妻子，波提乏是法老的护卫长（参阅创 39:1 以下）。这里要考虑的一点是，他是个内臣，但却有个妻子。对那些只考虑律法的字义而不是它的象征性涵义的人来说，这是一个难点。因为理智确实是一个内臣和护卫长，它涉及的不只是单一的快乐，而且也涉及那些过分的多种快乐，它配得上内臣这个头衔是因为它不能生育智慧，就像内臣只侍候法老，散布高贵的东西。你们必须记住，从另一个角度来看，当个内臣是件非常好的事，如果这样的话，我们的灵魂就能够躲避邪恶和不学无术的欲望。所以当情欲对他说"你与我同寝吧"（创 39:7），也就是说情欲要他纵情享受一生中遇到的所有快乐。这时候约瑟，即自我节制的品德，能够拒绝她。他说："如果我表现为快乐的爱恋者，作此大恶，我就会得罪神，美德的爱恋者。"

（八十五）此时对他来说只是小小的冲突，但继而便开始搏斗。那灵魂进入它自己的屋子，求助于它自己的能力，拒绝一切由肉体规定的东西，开始做对它来说适宜的工作，亦即灵魂的活动。他没有进约瑟的屋，也没有进波提乏的屋，而是"进屋"。摩西没有进一步说"谁的屋"，你们可以思考和解释。他只是简单地说"进屋里去办事"（创 39:11）。这个屋就是灵魂，他退却到灵魂里，放弃一切外在的东西。可以说，他这样做最终可以返回自身。我们可以认为自我节制的人的"事"是按神的意愿来完成的，因为所有推论确实都不以灵魂为居所，在那里也不可能找到这样性质不同的推论。同时快乐不停地纠缠，抓住他的衣裳说："你与我同寝吧！"衣裳是肉体的覆盖物，同样，饮食是生灵的掩护。她说的意思是，"你为什么要拒绝快乐？没有快乐你不能活着。瞧，我捕获了一些产生快乐的东西，不利用这些产生快乐的东西，你就不能生存。”自制的人做了些什么呢？他说：“如果我因为情欲产生的事而变成情欲的奴隶，我宁可丢下情欲，跑到外面去”；“约瑟把衣裳丢在妇人手里，跑到外边去了”（创 39:12）。

（八十六）有人会问：“有谁会进到里面去呢？”许多人不会这样做。但有些人不抢劫神庙，却去偷窃私人住所；有些人不殴打父亲，却对陌生人使用暴力。这些人确实避开我们说过的这些罪恶，但却犯下另一些罪恶。而实施完全节制的人必须避免一切罪恶，无论大恶小恶，或是与其他任何罪恶有牵连的。

然而约瑟只是个年轻人，缺乏抵制那埃及肉体的诱骗和克制快乐的能力，于是他跑开了。而热诚于神的祭司非尼哈维护了自己的安全，他没有逃避，而是抓起“长枪”，亦即热诚的精神，不“刺穿那米甸女人”绝不罢休。那米甸女人就是从神的伴当中淘汰下来的自然，“她的子宫被穿透了”（参阅民 25:7、8）。她再也不能生育，再也不能种下邪恶的种子。

（八十七）作为对割除愚蠢的补偿，灵魂受到双重奖赏，平安和祭司的职任（参阅民 25:12 以下），两者是亲属关系。

然而对这样的女人，我指的是邪恶的感觉，我们一定不能听从。因为，“神厚待收生婆”（出 1:20），不顾想要驱赶以色列的法老的吩咐，他们保护了法老想要摧毁的灵魂的男性产物。由于迷恋物欲和女性，他不知道第一因，他说：“我不认识神”（出 5:2）。我们愿意听从的女人是相当不同的，好比我们已经看到撒拉这样的女人是美德，甚至是首要的美德。智慧的亚伯拉罕遵照她的建议办事。因为，在早些时候，在改名以前他还不是完善的，他还在追求超越现世的事。撒拉知道他不能从完善的美德那里生下后代，于是就建议他与使女同房，这里使女就是学习，就是夏甲（参阅创 16:2 以下）。这个名字的意思是"旅居"，因为他正在学习怎样在完善的美德中安家。在他成为美德之城的居民前，他要在这所学校里逗留，学习各种课程。在这些课程的引导下，他可以自由地修炼美德。后来撒拉看到他已经完善，能够生育了。* 他心中对使他能够与美德联姻的教育充满感激之情，在认为难以拒绝她的要求的时候，他就遵从神的诫命，"凡撒拉对你说的话，你都该听从"（创 21:12）。让对美德看来有利的东西成为我们每个人的律法；因为，如果我们接受所有美德的建议，我们就能幸福。

（八十八）"你吃了我所吩咐你不可吃的那树上的果子"，这些话相当于"你赞成邪恶，而你的责任是你必须避开一切邪恶"，由于这个原因，"受咒诅的"不是"你"，而是"你们工作的地"（参阅创 3:17）。这是为什么呢？我们看到，蛇就是快乐，灵魂的非理性的欢乐。它由于自身的原因而受咒诅，但它只能依附于低劣的人，而不能在任何一位高尚的人那里安身。亚当是中性的理智，时好时坏。作为一个理智，他的本性既不是恶的又不是善的，而是处于美德与邪恶的影响之下变成善的或恶的。因此，正如我们所期待的那样，他不是为了自身的原因而受咒诅，因为他不是恶的，也不是为了在邪恶主宰下的行为受咒诅，受咒诅的是他工作着的地。此处"地"这个名称指的是整个灵魂，它是邪恶的，是应受谴责的，因为它允

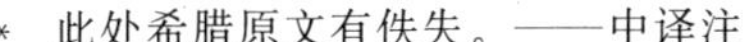

* 此处希腊原文有佚失。——中译注

许邪恶在各个场合起作用。同样，神又继续说“你必劳苦，才能得吃的”。这句话相当于“你必劳苦，才能得到活着的福益”，因为，终身劳苦有益于恶人的生命力。恶人没有欢乐的动力。这种动力存在于事物的本性之中，是由正义、良好的感觉和分享自然王座的美德提供的。

（八十九）“地必给你长出荆棘和蒺藜来”（创 3:18）。不是吗，蠢人的灵魂除了呻吟着的情欲在伤害灵魂又能长出什么来呢？摩西用象征性的语言，把它们称作荆棘。这些非理性的冲动像一团火，首先在灵魂中漫游，然后点燃烈火，烧毁灵魂的一切占有物。这就是经上说的：“若点火焚烧荆棘，以致将别人堆积的禾捆，站着的禾稼，或是田园，都烧尽了，那点火的必要赔还”（出 22:6）。你们看，那火，非理性的冲动，在迸发的时候不是焚烧荆棘，而是寻找荆棘；因为作为跟随情欲的搜索者，它在寻找它想要得到的东西；一旦找到了，它就点火烧毁三样东西：完善的美德、逐渐的进步，自然气质中的善。摩西把美德比作打谷场上的东西，就像谷物堆积在打谷场上，智慧者的灵魂就像打谷场一样收集高尚的东西。他把逐渐的进步比作地里的谷物，因为它是未完成的，正在渴望达到圆满。他把自然气质中的善比作地，因为它承受美德的种子。他称各种情欲为“蒺藜”或“有刺的欧菱”，因为它们是三重的：情欲本身、情欲产生的东西以及它们的最终结果。例如快乐、愉快和感到快乐；欲望、想要得到的东西和感到有欲求；悲痛、悲痛的东西和感到悲痛；恐惧、恐惧的东西和感到恐惧。

（九十）“你也要吃田间的青草。你必汗流满面才得糊口”（创 3:18、19）。他把草和面包当同义语来使用，意思是一样的。草是非理性动物的食物，这就是脱离正确原则的恶人的状况。感觉也是非理性的，是灵魂的一个部分。当理智努力去获取那些感觉用非理性方式得到的对象时，这种努力使它劳苦，使它汗流满面。蠢人的生活是极端痛苦的，是劳苦的，因为，他贪婪地追求所有产生快乐的东西和所有邪恶乐意给他带来的东西。这要多久呢？神说："直到你归了土，你是从土而出的"(创 3:19)。因为，拒绝了属天的智慧，他不就列位于属地的事物和混乱了吗？我们必须考虑他下一步怎样转变。但经文的意思可能是这样的，愚蠢的理智确实总是偏离正确的原则，但它所要获取的不是来自高尚的品质，而是来自更加凡俗的基质，无论处在静止状态还是运动状态，它都同样热衷于同样的兴趣。这就是为什么经文又继续说："你本是尘土，仍要归于尘土"(创 3:19)。这句话总的意思我已经说过了。它也指明，"你的起源和终结是同一的，因为你那起源于地的可朽的肉体在走完了生命之途以后将回归大地。这条路不是平坦大道，而是崎岖不平的小径，充满荆棘和蒺藜，这些东西的本性就是刺伤。"

图书在版编目(CIP)数据

论《创世记》:寓意的解释/(古罗马)斐洛著;王晓朝,戴伟清译.—北京:商务印书馆,2017
(汉译世界学术名著丛书:120年纪念版:珍藏本)
ISBN 978-7-100-14871-9

Ⅰ.①论… Ⅱ.①斐…②王…③戴… Ⅲ.①《圣经》—研究 Ⅳ.①B971

中国版本图书馆 CIP 数据核字(2017)第 160090 号

汉译世界学术名著丛书
(120年纪念版·珍藏本)
论《创世记》
——寓意的解释
〔古罗马〕斐洛 著
王晓朝 戴伟清 译
温司卡 校

商 务 印 书 馆 出 版
(北京王府井大街36号 邮政编码100710)
商 务 印 书 馆 发 行
北 京 冠 中 印 刷 厂 印 刷
ISBN 978-7-100-14871-9

2017年12月第1版　　开本 710×1000 1/16
2017年12月北京第1次印刷　　印张 13¾
定价:70.00元